気遣いを恋と勘違いする男、優しさを愛と勘違いする女
相手の本性を見抜き、最高のベストパートナーを見つける男と女の心理ルール

偷心研究所

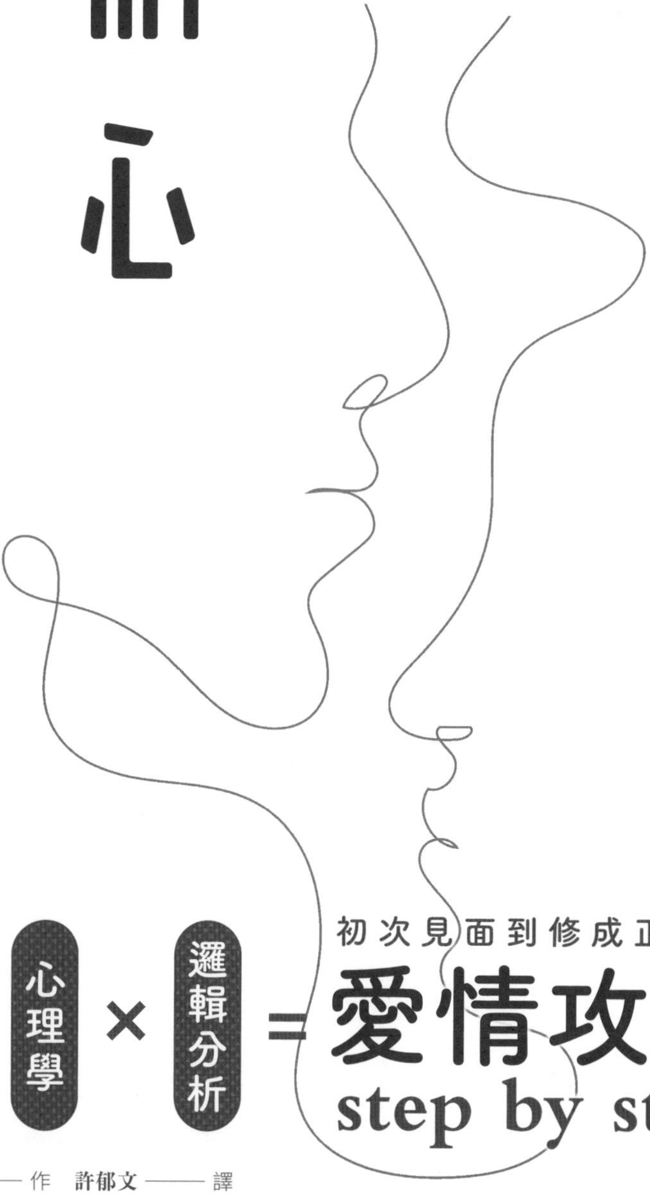

面相學 × 心理學 × 邏輯分析 ＝

初次見面到修成正果的愛情攻略 step by step

關口美奈子——作　許郁文——譯

偷心研究所

面相學×心理學×邏輯分析，初次見面到修成正果的愛情攻略 step by step

關口美奈子——作
許郁文——譯

気遣いを恋と勘違いする男、優しさを愛と勘違いする女
相手の本性を見抜き、最高のベストパートナーを見つける男と女の心理ルール

前言

◎克服棘手的人際關係，來自銀座第一紅牌所傳授的超實用經驗

大家好，我是前銀座第一女公關兼戀愛戰略家的關口美奈子。

各位是否有過「遇不到好男人」與「想遇到好女人」的煩惱，或是抱怨自己「爲什麼會愛上那種人呢？」

不管是誰，應該都會有過撕心裂肺的戀愛經驗，或是令人感到絕望的悲傷。

我也有過這些經驗。

我原本是個很不懂談戀愛的人，而且也很害怕與別人交流，甚至還曾因此被超商開除，所以爲了克服這些障礙，我在19歲的時候進入特種行業的世界。

一開始，我總是爲了沒用的自己不斷哭泣，但還是不分日夜地努力自學心理學

與人相學。

在每天招待客人的過程中，我不斷地驗證自己所學的一切，這也讓我在引退之前，連續九年榮登銀座的第一紅牌。

如今的我透過在夜晚的世界學到的溝通能力經營婚友社，幫忙促成渴望結婚的男性與女性。

其實現在除了婚友社，還可以透過 App 或是社群媒體找到喜歡的對象，了解對方是否與你趣味相投，或是擁有相同的價值觀對吧？

不過，正因爲邂逅的機會變多了，反而衍生出「不知道該選誰才好」的煩惱。

而且你有感覺的人，不一定會選你。你覺得「很速配」、很有魅力的人，別人也覺得很有魅力，若不早點採取行動，這些很有魅力的人沒多久就會從戀愛市場畢業。

所以一開始就要先看穿對方的本性，「主動發動攻勢」，積極地與對方交流，讓對方對你產生興趣，縮短彼此的距離。

我覺得現在正是傳授一些我在夜晚的世界抓住異性內心的小詭計，以及讓日常交流更順暢的小技巧。

◎越多選擇，越難選擇？

大家去餐廳吃飯的時候，會因爲有很多菜色可以選擇而開心嗎？還是說，如果是日式餐廳，就賣幾樣日式料理就好，如果是義大利餐廳，也只賣幾樣義大利菜就好呢？

每個人都希望「擁有更多選擇」，覺得能隨著喜好或心情選擇很自由、很愉快。但是，可以選擇的菜色若有一千種，你還會覺得開心嗎？如果只有一百種的話，或許還能從中挑出喜歡的菜色，但如果多達一千種的話，光是看完一輪就已經累壞了吧？

有很多選擇固然開心，但選項太多反而會讓人想要放棄選擇。

大家不覺得這與現在的戀愛市場、結婚市場的情況很相似嗎？

早期能夠與對象邂逅的機會不多，所以只需要思考「眼前這個人到底適不適合自己」就好，但現在卻是**只要有心認識朋友，機會多到數不清，所以心裡總是會有「下一個人說不定更好」的念頭，以至於沒辦法下定決心跟別人交往或是結婚。**

◎需要學會交流的技巧，才能篩選對象

前面雖然提到了選擇菜色的例子，但是就算選項很少，還是有人遲遲做不了決定，也有人因爲選項很多而開心得不得了。

就算菜色很多，我們到底有多少時間可以浪費在選擇上？更何況選擇的動機越強，選擇的樂趣就越濃厚。

喜歡室內裝潢的人，或許可以花好幾天逛商店，比較不同的產品，但是對室內裝潢沒興趣的人，這簡直就是酷刑對吧？

換句話說，很想談戀愛或是結婚，又很擅長交流的「戀愛高手」，當然很歡迎隨時都能認識新朋友的這個時代，但是對於不想孤單一個人，卻不太懂得交流的「戀愛弱雞」來說，如果要從衆多對象挑出適合自己的人，簡直就是一場又一場的苦行。

此外，那種與不特定多數的人認識的場合，一定會有一些假裝善良，但其實是玩世不恭的渣男渣女。這些人總是虎視眈眈地準備欺騙那些想找到終生伴侶的善男善女。

◎致不想選錯伴侶的你

我之所以會寫這本書，是希望不擅長交流，與異性交往經驗不多的人，能夠逃離那些渣男渣女的魔掌，找到意氣相投的另一半。

夜晚的世界是龍蛇雜處的世界，有些人是眞正的貴婦，有些人則是善體人意的客人，也有「我是某某知名老闆的朋友」這種炫耀人脈的人，也有不知道在做什麼工作的人，還有一開始裝得很紳士，後來越來越毛手毛腳的客人，總之有很多表裡不一的人。

此外，只要長期觀察女公關，就會發現有些女公關裝出一副很照顧別人的模樣，然後與其他的女公關借了一大筆錢就消失不見，或是因爲與客人外遇而被告的女公關，這些老是惹麻煩的人，其實都有一些共通之處。

不過正因如此，我才懂得分辨哪些是「渣男渣女」，哪些又是「眞正老實的人」。

但願本書能幫助那些缺乏自信，懷疑自己「値得被愛」的人，或是擔心自己「找不到終生伴侶」的人，能在戀愛市場與結婚市場有所斬獲。

關口美奈子

目錄

第2章 從外表分辨對方是否能成為伴侶！

第3章 要看穿對方的本性與謊言，就要分析社群媒體、LINE以及一言一行的這裡！

第4章 了解對方適不適合自己的七個問題

第5章 找到命中注定的另一半，進入戀愛、婚姻關係的九種方法

第 1 章

總是一直會錯意的男人與女人——三種擦身而過的模式

放下夢想與理想之後，才是真正的戀愛

◎真命天子或是真命天女只是都市傳說

在我接觸許多婚友社的會員之後，我發現這些會員都覺得在「戀愛市場」的某個角落，一定有一位與自己完全契合的另一半等著自己。

不過大家應該都遇過明明所有條件都符合，但是在約會了幾次之後，發現對方「好像不太適合自己」或是「不知道哪裡怪怪」的情況對吧？

當然也有人與心目中的對象結婚，但是要找到完全符合理想的對象，簡直就是天方夜譚，我甚至敢說沒有這種對象。

不斷尋找不存在的眞命天子或天女，往往會陷入「找不到喜歡的人」或「覺得對方不錯，但對方不喜歡自己」的煩惱。

大部分的男女在進入戀愛或結婚市場之後往往希望「被愛」，但是過於渴求被

愛，很容易罹患「我明明這麼努力了，為什麼還得不到愛情，為什麼對方不愛我」的心病。

我曾經接待過三萬名以上的男客，也看過不少男女的另一面，而就這些經驗來看，進入戀愛或是結婚市場的男女除了需要具備「被愛」的技巧，更重要的是能不能主動付出愛情。

或許接下來這番話有些嚴厲，但是那些**找不到心儀對象、結婚對象或是伴侶的人，往往缺乏愛人的能力。**

◎要想被愛，就要率先出擊

夜晚的世界也是有「奧客」的。

比方說，抱著「花錢的就是大爺」的心態，硬逼女公關做一些不想做的事情的客人。一入座就要求女公關「說個笑話聽聽」的客人其實還比較可愛一點。看到坐檯的女公關一直離席就丟菸灰缸、罵髒話，藉機大發雷霆的客人其實也不少。

除此之外，還有覺得「女公關都會愛上他」的客人。這種完全活在自己的世界裡的客人很愛說「妳也喜歡我對吧？其他的女公關都說喜歡我喲，如果妳堅持要跟我交往的話，我倒是可以考慮看看喲」。其他還有愛說黃色笑話的客人，一句話都不說的客人，眞要舉例還眞是多不勝數。

雖然女公關的工作就是要營造一種疑似戀愛的氣氛，讓客人享受這種若即若離、小鹿亂撞的心情，但是當客人越過了底線，就會被貼上「自做多情」的標籤，女公關也會避開這種客人。

不過，我都跟酒店的少爺說「其他女公關討厭的客人，可以優先轉給我」。其實大家常常搞錯的是，**要在夜晚的世界坐上第一紅牌的寶座，懂得「愛人」比能夠「被愛」更加重要。**

其實那些奧客隱約知道自己被別人疏遠，但他們就是在現實世界失意，才會想要放縱或是躲進自我妄想的世界。他們之所以找女孩子麻煩，是因爲就算這麼做，對方還是願意理他，他就會很開心。

我不僅不會瞧不起或是敷衍這種客人，還會眞心接待他，甚至會邀請他在開店之前一起去吃個飯，逛逛街，再請他陪我上班。

只要我先釋出滿滿的善意，人是會改變的。慢慢地，對方也會敞開心房，而且只要告訴對方，自己不喜歡哪些事情，對方也不會刻意找麻煩。雖然有些客人還是依然故我，但這本來就是意料中的事，因爲我們是無法完全控制別人的。

雖然這麼做得冒著不被客人接受的風險，但只有願意持續付出的女公關，才有機會成爲第一紅牌。

◎「手工自製」的便當就誠意十足

話說回來，我不是要大家喜歡沒什麼人要的奧客。

我想說的是，不要凡事計較自己付出了多少，又回收了多少，而是要自動付出愛才能得到幸福。

「蛤？女公關不是都會跟客人要求回報嗎？」大家應該都有這類成見吧？

其實就如大家所知道的，女公關都是爲了得到報酬才這麼努力，但是在成爲一流的女公關之後，就會明白只爲了得到回報而付出的話，一下子就會被客人看破了，所以一流的女公關會選擇不斷地付出，例如送客人自製的便當，或是介紹對客人的工作有幫助的人。

女公關是非常忙碌的工作，所以頂多只能去賣熱食的店買一些現成的菜，然後裝進便當盒，假裝是自己親手製作的便當。

或許會有人說「是喔，做這麼多也只是爲了抓住客人的心而已吧？」但我覺得會這樣說的人有點可憐，因爲撇除夜晚的世界，連一般人也會這麼做。

◎盡力抓住幸福的主導權

女公關與客人的關係與一般的男女關係其實有一些共通之處，例如一開始都不會太完美，必須兩人三腳，共同經營。

我一直覺得男女的關係就像是照顧花兒一樣。即使不知道花朵會不會盛開，還是會記得澆水與施肥，細心地照顧花朵。最終有可能開出比想像中更美麗的花朵，當然也有可能會枯死。

不過，只要下定決心要照顧花朵，就會很在意花兒的情況，也會越來越喜歡它，甚至擔心它健不健康對吧？

「爲什麼得不到愛呢？（爲什麼花朵不綻放呢？）」的煩惱源自不想經營愛情或是雙方關係（花朵）。換言之，有這類煩惱的人往往不想經營兩人之間的關係，滿腦子只想著自己。

一旦只想著得到愛，就會完全陷入被動的狀態。

就算一直看對方臉色，希望對方不要討厭自己，只要對方沒稱讚自己或是不夠愛自己，就會覺得不滿與空虛。**一旦滿腦子只想著被愛，心情就會因為對方的一舉一動而陰晴不定，這等於是將掌握幸福的權力交在對方手中。**

不過，若是從自己付出愛情的角度出發，就能在雙方的關係之中握有主導權。主動付出或許無法得到想要的關係，但至少還可以主動放棄這段關係。

要注意的是，若是忽略對方的感受，只想著付出自己所有的愛，會讓自己變成跟蹤狂。請大家記得，強迫對方接受自己的愛情不算是眞的愛對方。

重要的是，就算不知道一切是否會如預期發展，還是願意主動接近對方，用心經營關係。

有時候當然也會遇到明明說好要結婚卻搞失蹤的人，或是隱瞞自己已婚的人，有些人會因爲這些出乎意外的背叛與離別而受傷，「無法再主動付出愛情」或是告訴自己「既然不保證能得到愛，所以我再也無法愛上別人」。

我非常了解這種心情，但是受傷的原因是愛，相信對方的理由也是愛。如果覺得「跟這個人在一起好開心」或「我應該能在對方面前做自己」，就勇敢去愛吧。

◎不要急著「停損」，先深呼吸再行動

現在已是有許多機會認識新朋友的時代。這固然是值得開心的事，但每一次的邂逅也因此變得更加複雜。

若是透過配對 App 或是婚友社尋找另一半，通常能找到符合條件的對象，所以不要才剛認識對方，就立刻判對方「出局」，應該多給彼此一點時間，試著與對方建立關係。

一開始覺得對方不怎麼樣，但隨著相處的時間增加，便發現對方也有許多優點的例子其實非常多，但話又說回來，只是爲了見面而見面的確很浪費時間，不管男生或女生，內心其實都希望「另一半越年輕越好」，所以應該更有效率地建立彼此的關係。

本書主要是介紹在遇到適合自己的對象時，看穿對方本質的方法，但如果已經見過對方很多次，卻遲遲無法決定與對方交往的話，這代表雙方沒能正常交流，兩人的關係也還停留在討論彼此適不適合之前的階段。

要與對方培養關係，就必須先站上起跑線。「總是遇不到好對象」、「每次都是約會一次就沒有下文」、「每次向對方告白都被拒絕」，如果你也遇到這些情況，請務必參考下一節的內容，因爲從下一節開始，要爲大家介紹三個容易讓男女錯過彼此的元素。這三個元素分別是「樂趣」、「細心」與「體貼」。

請大家務必確認自己對這三個元素的認知是否有誤，同時也會介紹正確認識這三個元素的方法。

溝通不是能力而是技術

◎ NO Action NO Communication

接下來的內容算是尋找另一半的時候常見的例子。在我的婚友社之中，有位男性會員告訴我，明明跟對方「聊得很開心」，也順勢向對方告白，對方卻告訴他「我跟你聊不來」，拒絕與對方交往。

想必這是因爲這位男性會員沒發現，雙方之所以能聊得很開心，是因爲對方很懂得配合話題吧。

大家應該都知道，比起自己聊得開心，讓對方聊得開心才有「下一次的約會」對吧？

如果每次都是「自己很開心，卻總是沒能與對方交往或是沒有下文」，很有可能是對方一直在配合你。

男性之所以會覺得聊得很開心，是因爲覺得「有人在聽自己說話」，覺得這樣很滿足，但很有可能是因爲坐在對面的女性很懂得接話題，也很懂得切換話題，所以男性才能聊得那麼開心。

不過，若總是自己覺得開心，就很難與女性交往。

由於交流是了解彼此的起跑線，一旦在這裡跌倒，當然無法進入下一個階段。

有許多男性都說「我不知道該聊什麼」或是「我很不會說話」，但是就算能聊個不停，也不見得就能讓女性感到滿意。

若想有「下一次約會」的機會，建議大家以有點誇張的方式，全面肯定女性的意見，這也是立刻就能付諸實踐的方法。

我在擔任女公關的時候，會接待不少男性客人，而我總是覺得男性的反應都有點冷淡。

男性客人應該都會在書上讀過「要懂得傾聽女性的想法」這類內容，但可惜的是，大部分的男性客人都不懂該如何傾聽。

其實有不少男性在與女性聊天時，不管對方說了什麼，都只會面無表情地回答「原來是這樣啊」或是「喔」，然後還以爲「自己眞是個懂得傾聽女性心聲的溫柔男人」。

其實在回應對方的時候，就算言詞或是動作讓人覺得「這樣不會太誇張嗎？」或是「不會太過頭嗎？」也沒關係。

建議大家以「這樣很厲害耶！」、「這樣超棒的啦」、「真厲害！」、「這只有妳才辦得到喲」這類最高級的讚美肯定對方，以及不管對方說了什麼，都要像是脖子快要折斷般用力點頭，表達你有多麼認同對方的意見。

大家不用擔心這樣會不會太誇張，因爲對男性來說「太誇張」的行爲，在女性眼中不過是「再普通不過」的反應而已。此外，各位男性也可以試著以誇張的肢體語言，讓對方知道你覺得這個話題很有趣，比方說，可以試著用力探出身體或是仰天大笑。

可以把自己想像成坐在雛壇（在日本女兒節用來擺設雛人形的階梯狀架子）的搞笑藝人。建議大家坐椅子的時候，不要整個身體都靠在椅背上，因爲會給人一種「我很了不起」的感覺，而是要坐得淺一點，才能隨時對女方所說的事情做出反應。

沒有女性會對使盡渾身解數，肯定自己每一句話的對象反感。這是很容易實踐，而且效果又很卓越的方法，如果各位也有約一次會就沒有下文的煩惱，請務必試試這個方法。

◎「一次就退場」有點可惜

「剛剛提到了自顧自地說自己事情的男性，以及反應淡得讓人不知道有沒有在聽的男性……難道沒有懂說話的男性嗎？美奈子老師。」

有不少女性絕望地跑來找我商量這個問題。

老實說，如果只是因爲這樣就拒絕對方，遇到好對象的機率將明顯下滑。

因為男性本來就是習慣自說自話的生物。

其實不管是男性還是女性，都很喜歡說自己的事情，否則社群媒體上面，怎麼會出現那麼多爲賦新詞強說愁的詩人呢？

不過，男性與女性在閒聊與傾聽的時候，重視的事情不太一樣。過去曾有一段時間流行「男性腦」與「女性腦」這類說話，但其實以性別區分不太正確，所以本書改以「解決腦」與「共感腦」代替。

假設某個人正爲了職場的人際關係而煩惱。「好煩啊，明明前輩平常就好好的，爲什麼有時候會突然惱羞成怒啊」，當你問這個人「怎麼個惱羞成怒法？」對方便會舉出一大堆例子，例如「今天發生了這種事……上週還發生了那種事……」

此時若是跟對方說「說不定是○○這句話刺傷了前輩的心，下次就不要再說這句話，應該就不會再惹得前輩不高興吧」，這種**分析狀況與提供解決方案的思維就是「解決腦」。**

「什麼！對方這麼不講理啊？好過份喔，你明明沒犯什麼錯，對方憑什麼生氣啊」，**這種感同身受的思維就是「共感腦」。**

從上面的例子可以發現，這兩位差別在於溝通的目的是解決問題，還是與對方產生共鳴，但往往前者都被歸類爲「不懂傾聽的人」，後者則被歸類爲「懂得傾聽的人」，普遍認爲，前者以男性居多，後者以女性居多。

若以談生意爲例，男性很擅長根據客戶的類型模擬談成生意的情況，但是談戀愛或是尋找另一半的情況就完全不同。一來，女性不是客戶，能取得的資訊極爲有限；二來，不太擅長談戀愛的男性完全無法根據女性的類型擬出有效的策略，所以有不少男性都會因此陷入恐慌。

在讓扮演主角的單身女性從多位男性來賓之中挑出結婚對象的電視節目《單身女郎日本版第二季》（Bachelorette Japan: Season 2）之中，曾有一幕具體刻畫了男女來賓的差異。

身爲經營者的第二代單身女郎覺得自己必須強悍，所以越來越不習慣示弱，她也將「脫去鎧甲」視爲自己該突破的心理課題。

某位男來賓與她在中午的約會玩得很開心，也得到共進晚餐的機會。明明到此時氣氛都還很好，但是當她在晚餐試著示弱時，沒想到這位男來賓居然只是輕輕點了頭，然後接著說「妳可以跟我撒嬌，試著卸掉自己的鎧甲」。

可是對這位單身女郎來說，她可是鼓起了很大的勇氣才曝露自己的弱點，所以應該會希望對方跟她說：「謝謝妳願意像這樣敞開心房」、「妳覺得什麼時候會被迫示弱呢？」、「想示弱卻沒辦法示弱時，妳有什麼感覺？」可惜這位男來賓只跟她說「那妳就跟我撒嬌吧！」只想著解決問題，卻沒有給她任何感同身受的安慰。

而且這位男來賓之後又說「我知道妳一直想卸下自己的鎧甲，也知道改變自己很重要，但我覺得照原本的步調讓自己變得更強悍也沒關係，之後一定會出現幫妳分憂解勞的另一半，不需要逼自己脫下鎧甲」。這番話的話中之話就是「會有另一半幫妳脫下鎧甲，所以不需要勉強自己」，但是這位單身女郎怎麼可能聽得進去，因爲這等於是推翻了她想脫下鎧甲的初衷，所以這位男來賓也因此被淘汰。

對此，觀眾也分成兩派，有些觀眾覺得男來賓的這番話，純粹是爲了她著想，有些則認同這位單身女郎的決定。

不過，就我來看，是這位男來賓的戰略錯誤。**只有在彼此建立了穩固的關係，才能說出自己的意見。這道理不僅適用於男女關係，也適用於一般的人際關係。**其實在公司也是一樣，如果不了解部下的個性或想法就給建議，只會引起對方反感對吧？

所以，就算自己有其他的意見或想法，也應該在剛認識的時候，使出渾身解數，全面肯定對方的意見。

不過，不管怎麼看，這位男來賓都是坦率、忠實的人，也是非常適合談戀愛或結婚的對象。

男性之所以會自說自話或是自吹自擂，其實都有他們自己的理由，此時女性若只是因為這樣就判對方出局，實在是很可惜的事情。老實說，我很想建議這些女性多給對方幾次約會的機會，然後在過程中，多觀察對方吧。

◎自顧自地說自己有多麼厲害，卻不懂得察言觀色的三種類型

就我的經驗而言，不斷聊自己的男性大致可分成下列三種。

①只喜歡自己的自戀類型

假設在第二次約會之後，還是一直聊自己的事情，就很有可能屬於這種類型。

這種類型的人很難與他人建立夥伴關係，所以早日跟對方說再見才是上上之策。

②還不太熟悉談戀愛的戀愛菜鳥

比較令人意外的是，許多男性都屬於這個類型，尤其第一次見面就一直聊工作的男性，一定屬於這個類型。

有些對女性還沒有免疫力的男性會因為太過緊張，而無法分心觀察女性的反應，但又覺得不說點什麼不行，所以從頭到尾只能聊自己最擅長的部分，也就是工作的事情。

我知道，有些女性會覺得這種男性「不懂得傾聽」、「跟這種工作狂結婚，肯定會變成僞單親的家長」想要早點擺脫對方。

曾有男性會員沮喪地告訴我「明明對方那麼優秀，我卻因爲太過緊張而一直聊自己的事情，所以才搞砸了這次的相親」，聽到這番話之後，我便與參與這次相親的女性會員說：「對方一直待在沒有女性的研究室工作，所以才會那麼緊張，但其實他是很體貼的人喲！」這位女性會員在了解情況之後，便決定多給這位男性會員幾次機會。

結果，這位男性從第二次約會開始就不那麼緊張，也能與對方自然地交談。最終兩人也迅速地走進了禮堂。

所以**重點在於即使第一印象不是太好，至少要多給對方一次機會。**

③太過小心謹慎，結果變得畏畏縮縮

假設雙方第一次約會，然後女性一直扮演傾聽的角色，有些男性可能擔心「對方一直靜靜地聽我說，不太願意說自己的事情，有可能是因爲對我還不太放心，這時候要是問太多，有可能會被對方討厭」，便自顧自地說個不停。由此可知，有些男性會因爲這層顧慮而不好意思多問，所以我建議女性在第二次約會之後，再決定對方適合不適合自己。

不過，女性也該在第二次約會的時候讓對方知道「妳也有問題想問」，否則對方又會自顧自地聊起自己的事情。

一旦過於顧慮彼此的立場，錯過讓對方了解自己的機會，雙方的交流變得很客套，無法發展進一步的關係。

假設男性遲遲不敢問得更深入，女性可讓對方知道，妳希望對方多問一點，或是乾脆主動發問。一旦別人對自己敞開心房，大部分的人也會覺得「我也應該爲了對方敞開心房」，**藉此回報對方。**

當妳願意聊自己的戀愛觀，對方也會願意聊自己的戀愛觀，若是主動提及家庭環境，對方也會願意聊聊自己的出身背景。

【戀愛篇】

女性「朋友說他最近走桃花運。○○先生有過桃花運嗎？」

男性「我哪有什麼桃花運啊！」

女性「咦？怎麼會，所以你是自己告白的類型嗎？」

男性「對啊，否則哪有機會啊（笑）。」

女性「男性主動出擊很棒耶！」

【家庭篇】

女性「我家只有哥哥跟弟弟，所以我可能有些男孩子氣的部分」

男性「是喔，我是獨生子，有兄弟姐妹是什麼感覺啊？」

女性「其實也沒有什麼特別的啦，平常都在吵架，只有被爸媽罵的時候，才比較團結。」

男性「是喔，感覺好有趣（笑）。原來會在遇到危險的時候幫助彼此啊！」

女性「對啊對啊，很多人都說，獨生子不太會被爸媽罵，是真的嗎？」

男性「我爸媽很嚴厲喲！」

女性「被罵過最兇的一次是什麼時候啊？」

接二連三拋出「你做什麼工作」、「你家有幾個人」、「你喜歡哪位演員」，或是單刀直入地問「你喜歡哪種類型」、「你想要什麼樣的結婚生活？」會讓人有種警察在質問犯人的感覺，而且這種一問一答的交流也聊不起來。

女性先敞開心房，男性應該就敢發問，也不會再一直聊自己的事情，而且還能得到自己想知道的資訊，這豈不是一石二鳥嗎？

男女心理戰

1

這個人是認真的？還是只想玩玩？

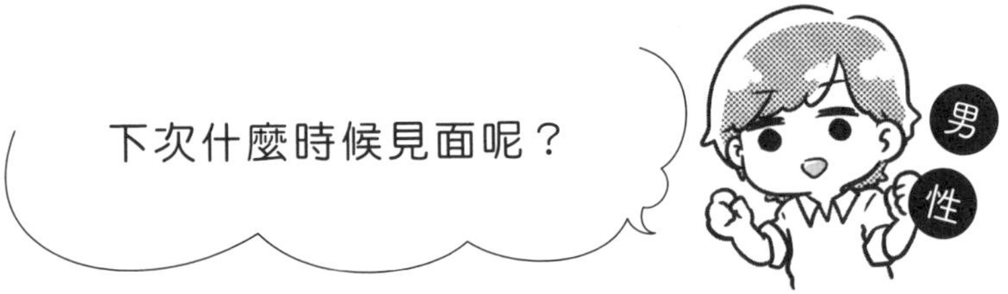
下次什麼時候見面呢？
男性

從女性願不願意再出來約會，就知道對方是否覺得這次的約會很愉快。如果對方回答「我得看看時間，之後再跟你聯絡」，很可能這次的約會只有你覺得開心而已。

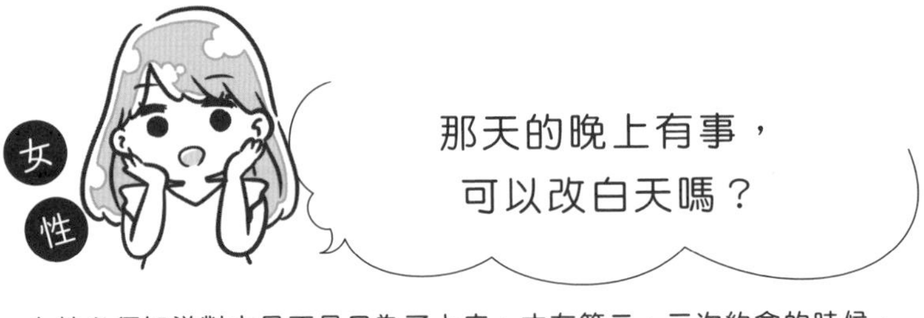
女性
那天的晚上有事，
可以改白天嗎？

女性必須知道對方是不是只為了上床，才在第二、三次約會的時候，盡全力討好自己，一旦到手就變得冷淡的類型。許多滿腦子只為了上床的男性都只約晚上見面，所以妳不妨約對方一起共進週末的午餐。

要預設對方「不說出口就無法理解」

◎男性為什麼總是會錯意？

透過交友軟體認識女性之後，在互傳訊息的時候跟對方抱怨「最近工作好忙啊」，結果對方體貼地說「要注意身體喲！」。實際見面之後，對方也一臉笑容地聽自己說話，或是動不動就說「你好厲害喲！」。

當你覺得對方似乎對你有意思的時候跟對方告白「希望能以結婚爲前提交往」，沒想到卻被對方拒絕。這到底是怎麼一回事。

男性的話，或多或少都有這類經驗對吧？

其實男性就是很容易在談戀愛的時候會錯意的生物，所以總是會有這種好氣又好笑的一面。

想必大家都曾聽過，男性爲了留下健康的後代，不會拘泥於特定對象，比起對象是否「優質」，更在乎對象的「數量」，如果太過精挑細選，就無法留下更多的後代。所以，他們總是會有「那個女孩說不定喜歡我」的誤會，於是才會不假思索地展開追求。

麻煩的是，女性總是無意地透過肢體語言發送戀愛訊號。

在動物界中，雄性爲了繁衍後代與贏得雌性的芳心，會不斷地表現自己比對手更好的一面，有時甚至還會與對手搏鬥。乍看之下，主導權似乎落在雄性手中，但是只有在雌性進入發情期之後，雄性才有機會交配，也就是說，當雌性的叫聲、尿液之中的荷爾蒙以及外陰部都發生變化時，才會接受雄性的追求，因此握有主導權的是雌性。

那麼，人類的情況又是如何呢？

由於人類沒有所謂的發情期，所以通常會透過肢體語言發送「我對你有意思」的訊號，例如總是想要待在對方身邊，或是凝視對方的眼睛，以及動不動就露出笑容，而這些訊號通常都來自女性。

更糟的是，女性總是不自覺地發送這類訊息，所以當男性接受到這些訊息而展開追求時，女性反而會覺得很困惑，因爲女性「根本沒有那個意思」。

此外，女性特有的交流方式也讓男性更容易會錯意。

基本上，**只要對方不是太討厭，女性或多或少都會試著與對方保持良好的互動，但許多男性卻常常把這種溫柔解讀成「對方對自己有好感」，但是對女性來說，這不過就是一種社交禮儀而已。一如本節開頭所介紹的，這就是男性將女性的體貼或是客套誤解為某種好感的例子。**

話說回來，男性要是一直這樣誤會下去，對自己以及對於女性都是一種悲劇。要想解開這種誤會，其實就與前面確認女性是否開心的方法一樣，問問對方願不願再出來約會，透過這種方式確認女性到底是對你「有好感」，或者只是「體貼」而已。

◎那種體貼不過是把責任全丟給對方而已！

另一方面，有不少男性都有「我明明很體貼啊，爲什麼不受歡迎，交不到女朋友呢？」的抱怨。

其實體貼分成下面兩種。

・希望自己不被對方討厭的體貼

・希望對方開心的體貼

「希望自己不被對方討厭的體貼」反而會被對方討厭。

比方說，在挑選餐廳的時候

「選在哪裡見面妳比較方便呢？我可以去〇〇〇這一帶或是△△△這一帶找妳。」

「我覺得吃義大利麵或是日式料理都不錯，妳可以嗎？妳有不敢吃的東西嗎？」

如果懂得這樣詢問女性，對方一定會覺得「沒想到他這麼細心，除了到我比較方便的地方等我，還問我有沒有不敢吃的東西」，覺得你懂得設身處地爲她著想，也會對你產生好印象。

不過，若是只懂得問：

「妳想去哪裡？」

「妳想吃什麼？」

這種人之所以會把要去哪裡、要選哪間餐廳全都丟給對方決定，只是爲了明哲保身，因爲他們覺得「反正照著對手說的做，一定不會有錯（不會被討厭）」。**比起體貼對方，這種人更怕自己因為選錯餐廳而丟臉或是被對方討厭，也間接說明這種人有多麼沒自信。**

女性遇到有好感的男性時，除了希望對方又溫柔，又體貼，也希望對方能明確地表達心意，成爲雙方關係的主角之一。

有許多男性不懂「一邊展現溫柔的一面，一邊表達心意」，此時不妨放下非黑即白的思考邏輯，**先想著與女性達成共識，例如讓女性決定某個部分，自己試著負責其他的決定。**

比方說，先由女性決定地點，料理的種類與餐廳再由男性選擇。

「做決定」往往得擔心「對方會不會不喜歡我選的餐廳或是料理」。

習慣看女性臉色的男性必須知道自己總是讓女性承擔這種風險，然後在不會惹女性不開心的前提下主導事情。

◎只有劈腿男才懂女人心？

長期接觸婚友社的女性會員之後，發現有很多女性會員覺得跟不擅長交流的男性在一起好累，漸漸地不想尋找另一半。

這些女性會員一直以來都擔心與對方聊不下去或是聊不起來，所以不斷地主動發問，而且在聽到對方很唐突的發言時，也總是保持著微笑，但久而久之，便開始懷疑自己「爲什麼要這麼認眞尋找另一半」。

其實不管是尋找另一半還是談戀愛，不少女性都爲了讓男性覺得開心而不敢說出心裡話，也爲了洞察對方藏在一言一行背後的用意而費盡苦心。

如此細心與體貼的女性往往在潛意識之中，希望對方能跟她一樣細心。明明是帶著微笑聊天，心裡卻想著「爲什麼沒發現我怪怪的」或是「飲料都喝完了，還不問我『還想喝什麼嗎？』」這類女性對男性非常嚴格，所以常常在第一次約會結束之後便判對方出局。

不過，我想跟這類女性說的是，**能與女性一樣細心與體貼的男性非常稀有，就算真的遇到了，對方恐怕是常常周旋於女性之間的劈腿男。**

基本上，大部分的男性都不那麼善體人意，總是滿腦子想著解決問題，比起照顧情緒，更重視邏輯，比起同理心，更擅長分析，所以很難體會「不符合邏輯的同理心」有多麼重要。

對於女性來說，培養察覺對方內心的能力是生存的策略之一，而男性則是以培養解決問題的能力為生存之道。所以能夠從女性的表情或是情況察覺對方想要的是什麼的男性，往往是在母親或是姐妹的照顧之下長大，不然就是常常參與以女性為主的社團活動，再者，就是曾與許多女性交往。

許多女性都說「又細心、又體貼，卻不花心的男性最棒了」，很可惜的是，這種願望通常難以實現。

話說回來，不懂體貼為何物的男性不一定就是沒有任何優點的男人。簡單來說，這類男性只是不知道該怎麼表現溫柔而已。

我在擔任女公關的這九年學到的是，男性在評量自己的溝通能力時，看的不是眼前的女性有什麼反應，而是與其他的男性比較，例如「我雖然比受歡迎的Ａ差一點，但是比不受歡迎的Ｂ好很多」，所以當他發現眼前的女性對自己興趣缺缺時，只會覺得「怎麼了嗎？我還以爲我很貼心耶！」，完全不會發現自己有什麼問題。

所以，**如果希望男性做什麼的時候，不要再抱著「希望對方能主動發現我要的是什麼」的幻想，而是要直接了當地告訴對方。**

比方說，希望男性幫妳點飲料的時候，可以明白地跟對方說「可以幫我點○○嗎？」。

此外，**如果有機會繼續約會，除了跟對方說「我希望你做什麼」，偶爾也可以讓對方知道你討厭什麼。**這也是讓尋找另一伴這件事情變得輕鬆一點的祕訣。

◎如果是難以啟齒的事情，可將主詞從「你」換成「我」

在我還是女公關的時候，我常跟客人說「我不喜歡小氣的人」、「我討厭毛手毛腳的男性」。當我在這些客人面前說「我的前男友有夠小氣的，喝個下午茶也要一直問『要不要只喝茶』，一點都不開心」、「我喜歡很紳士的男性，你都不會對我毛手毛腳，所以我跟你在一起超開心的」，那些想要在女公關面前耍帥的客人就沒辦法說「香檳太貴了，我點不下去」，也不會說「摸一下又不會少塊肉」這種話。

先讓對方知道妳不喜歡什麼，就能減少不少壓力，所以請大家務必在尋找另一半的時候試試看這招。不過，還是不要在相親對象面前提到前男友會比較好。事先讓對方知道妳覺得很有壓力的事情，就不太會在約會之後覺得精疲力盡。比方說，妳可以跟對方這麼說。

「我不喜歡沒有時間觀念的人」

「我覺得約會不用排什麼行程，但是沒有半點計畫會讓我覺得自己不被珍惜」

「我討厭老是總是在吹噓自己的男性」

有些女性可能會害怕一開始就跟男性講這些「自己討厭的事情」，對方會不會覺得自己是個厚臉皮的女性。

要求太多，男性當然也會有壓力，**但其實男性更希望知道該做什麼，因為這樣才更沒有壓力**，尤其在第一次見面或是約會的時候向男性提出要求，對方反而會更開心。

不過，在提出要求時，需要知道一些祕訣。

要想在提出要求的同時，避免對方感到不愉快，不妨使用「I訊息」。

✕

NG例

小氣的男性最差勁了對吧？（所以你不是吧？）

（你）不是沒有時間觀念的人吧？

○

OK例

（我）如果遇到小氣的人，會覺得有點難過，因為沒辦法跟對方開開心心地玩。

（我）很害怕遇到沒有時間觀念的人，會有種不受重視的感覺。

NG例屬於「YOU（你）訊息」，是一種「男性就該如此這般」，將自己的主觀套在對方身上，責備對方的語氣。一旦以YOU訊息這種口吻要求對方，男性會覺得「明明才認識不久，爲什麼妳非得這樣說不可？」也會對妳產生反感。

反觀OK例則是以自己爲主語的「I訊息」，是一種「我是這麼覺得」的語氣，也充份表達了自己的情緒。由於沒有強迫對方接受觀點的感覺，所以採用這種溝通方式的話，對方比較能夠自然而然地接受妳的要求。

請大家務必利用這種溝通方式排除多餘的壓力，爲自己創造美妙的邂逅吧。

男女心理戰

2

偶爾要巧妙地迂迴一下

這週末有空的話，要不要
去喝下午茶或是一起吃個午餐，
聊聊最近怎麼樣呢？

如果彼此是透過交友軟體認識的，有許多女性會覺得第一次見面就約晚餐，有點不太適合，所以約下午茶或是午餐可能比較理想。此外，在剛開始互傳訊息的一週之內，盡可能不要問對方「要不要出來見個面？」或是「我要離開這個群組了，要不要交換一下LINE」，這種只考慮自己方不方便的問法都很不適當。若懂得以「如果有時間的話……」這種體貼對方的問法打開話題，就能在對方心裡留下好印象。

（我）不會討厭男性聊自己的事情，
但一直聊自己的事情，就沒辦法聊別
的事情了，這樣好可惜喔！

就算是覺得「不錯」的男性，一直聽對方說自己有多厲害，當然會覺得很煩。要想減少談戀愛或是尋找另一半的壓力，不妨透過「I訊息」讓對方知道妳「希望他怎麼做」或是「不希望他怎麼做」。

溫柔並不難

◎不能照單全收女性說的每句話

男性：「妳喜歡哪種類型的男性啊？」
女性：「我喜歡溫柔又好相處的男性，其他就沒什麼要求的了」

聽到女性這麼說之後，應該有不少男性都信以爲眞吧？

女性口中的「溫柔」與「好相處」其實還能解讀成下面的意思。

「大前提是外表要看起來乾淨。跟我一樣細心，擁有相同的經濟能力，充滿知性、長得帥，又懂說話，值得依賴是最低標準。而且還要懂得讚美，讓我覺得自己很棒，也要隨時注意我的心情。不可以說那些女性不喜歡聽的事情。每次約會都要很有計畫，比方說能預約很棒的餐廳，或是又聰明又能保護我的人，否則我才不

想跟對方交往。」

這就是女性的眞心話。婚友社的申請表都有撰寫理想條件的欄位，但**女性給男性看的理想條件，與內心真正渴望的理想條件通常都有明顯的落差**，因爲她們都知道，如果一開始就提出這麼嚴苛的條件，男性大概會躲得遠遠的。

我知道女性這種「心機」會讓男性覺得很生氣，但是站在女性的立場來看，會看到完全不一樣的風景。

二〇一三年版日本政府公布的厚生勞動白皮書曾記載「結婚對象的條件演化趨勢」這筆資料。受測對象爲回答「『應該會結婚』的18～39歲的未婚男女」，這份調查要求受測對象針對人品、經濟能力、職業、外貌、做家事與帶小孩的能力、對工作的認知、共通興趣這幾個項目回答，而每個項目都有「1.重視 2.會納入考慮 3.無所謂。」這三個選項，藉此了解受測對象選擇結婚對象的標準。

這份調查報告指出，男女最重視的項目是「人品」，重視「人品」的男性高達70～80％，女性則落在90％上下，若是連同回答「納入考慮」的比例一併計算，女性的比例則接近百分之百。

另一方面，男女差異顯著的項目也有很多個。

比方說，女性比例高於男性的項目爲「經濟能力」與「職業」。如今已有不少女性在結婚之後繼續工作，也擁有一定的經濟能力。

不過，若從懷孕、生小孩這部分來看，女性的確會有一段無法工作的時間，也有不少女性因爲新冠疫情這類社會問題而減少收入。

所以不難理解，在家庭的經濟是否穩定這點，女性對於男性的經濟能力有更多的期待。

反觀男性比例高於女性的項目爲「外貌」。女性「重視」外貌的比例爲12～14%，而男性的比例爲20%。在此就不繼續探討，直接將這個結果視爲男性的眞心話。

話說回來，也是有收入很高、條件超好，卻遲遲無法結婚的男性。

能讓女性怦然心動的不是收入的多寡，而是男性努力改變的模樣。

就算男方的收入不符合理想，但只要對方願意努力「改變自己」，大多數的女性還是會爲了這樣的男性動心。

有不少男性因爲自尊心作祟，不願意改變自己，但不管是做生意、談戀愛還是尋找另一半，維持現狀就等於不斷退步。

「是喔，原來妳喜歡溫柔的男性喔」或是「條件只有這樣的話，應該不難吧？」請各位男性不要就此信以爲眞，還是要想辦法提高年收入，或是試著成爲一名紳士，這種不斷讓自己變得更好的態度會讓女性對你越來越有好感。

◎不負責任的男性常用的手段是？

若是常常透過交友軟體尋找戀愛對象或是結婚對象，應該都會遇到下列情況。

「對方是個很溫柔又很老實的人，所以第三次約會時，就一起去開了房間，沒想到對方之後就消失了。」

「明明之前跟我說『能遇見妳眞是太棒了』，沒想到才開始交往，他就不回LINE了。」

由於對方已經消失了，所以妳永遠不會知道他消失的理由。與其一個人煩惱半天，還不如乾脆忘了對方，尋找另一個對象。

「爲了不讓對方發現，你只是爲了上床才接近她，記得在第三次約會之前，一定要假裝自己很紳士，這麼一來，一定能夠上到她」，其實最近有一些搭訕高手在傳授這種爛招，這對真心想要談戀愛或是結婚的女性來說，實在是惡劣到不行的爛人。

不過，只要知道這類男性的共通之處，就能躲開他們的魔掌。

這類只想玩女人的男性通常言行不一。嘴上說「就算結了婚，也希望能像現在這樣約會」，讓妳抱有結婚的希望，卻從來不付諸實行。

比方說，

· 從來不跟妳說他家在哪裡或是做什麼工作。
· 從來不聊朋友或家人的事情。
· 總是說自己「很忙」，常常遲到或是突然取消約會，不然就是突然找妳出門。
· 只選在晚上約會。

有些玩弄女人的高手也做到言行一致，所以真的很難看穿對方。不過，這種只想著把女性弄上床的男性通常說得多，做得少，一下子就會露出馬腳。

◎不要聽對方「說什麼」，而是要看對方「做什麼」

比方說，**這類男性總是會為了自己的言行不一找藉口。**如果對方眞的想結婚，不管有什麼隱情，都一定會願意跟妳說他住在哪裡，或是做什麼工作，也不會以忙碌爲藉口，什麼替代方案都沒有，更不會不回訊息。

不管再忙，只要是眞心愛著對方，當然要對這段關係負起責任。

比方說，對方會提出「我這週有點忙，不過下週末就一定有空，妳下週六日有空嗎？我下週六日都沒事喲」這類替代方案，**滿足女性想見面的心情。懂得預備替代方案也才是懂得負責任與值得依賴的男性。**

只因爲自己很忙就不回訊息的男性，就算不是遊戲人間的類型，也是不理想的結婚對象，因爲這種男性很有可能推說太忙，而逃避做父親應負的責任。

女性往往會因爲聽到甜言蜜語而相信對方，但是要利用花言巧語假裝自己很溫柔是件非常簡單的事，而且也不太需要耗費多少時間與成本。請各位女性務必記得，有些男性會反過來利用這種方式欺哄女性。

男女心理戰

3

對方說的一字一句都會不自覺地透露真正的想法

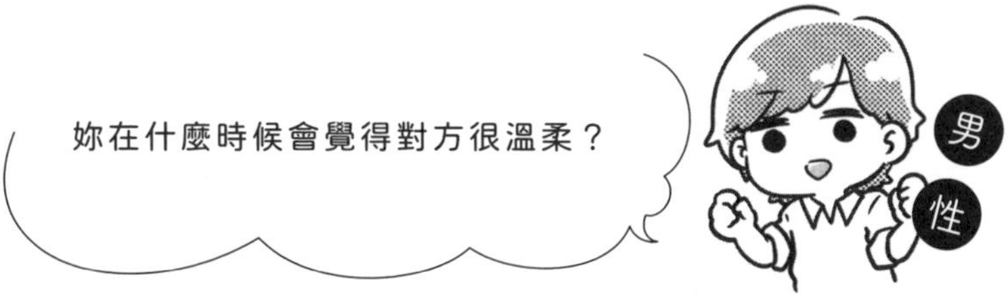

如果聽到女性說「最喜歡溫柔的人了」，不妨問問對方對於「溫柔」的定義是什麼，因為「溫柔」的意思有很多種，比方說，有些人會在心情低落時得到鼓勵之後，覺得對方很溫柔，有些人則會覺得默默地陪在身邊的人很溫柔。

就算對方看起來很溫柔，如果對方常常把「一定是這樣」或是「絕對是這樣」這類武斷的詞彙掛在嘴邊，就要特別小心。因為這類男性會故意排除其他選項，逼女性配合自己，所以千萬不要隨便附和對方，最好以「原來你是這麼想的啊！」重覆對方的話就好。

第2章

從外表分辨對方是否能成為伴侶

從外表可以看出九成個性？

◎判斷彼此是否適合的關鍵在於見面之後的10秒

「明明個人簡介裡面的照片看起來不錯，沒想到一見面就一直推銷鍋子。」

「原本以爲他是個畏畏縮縮的人，沒想到他居然能收到職場後輩送的禮物，看來他是個蠻可靠的人啊！」

有時候，這種外表與內在的落差，眞的會讓人又驚又喜對吧。

在過去，在學校或是公司認識彼此，然後成爲戀人的情況算是常有的例子。透過聯誼認識對方，卻完全不了解對方個性的例子也不多。

不過，現代已經能透過交友軟體、婚友社增加認識異性的機會，所以除了個人簡介那些外表或是個人條件的資訊之外，其他的資訊都得透過實際的交流收集。

若問還有沒有類似的情況的話，答案就是女公關在遇到第一次光顧的客人時，

總是得絞盡腦汁在極短的時間之內，了解對方的喜好與個性。

我在這類情況使用的技巧之一就是靠「外觀」分類客人。當我根據許多人相學的書籍接待不同類型的客人，也獲得他們的指名，直到我正式引退之前，我累積了不少老客戶，同時也累積了不少說明外表與個性有何關聯的資料。

我發現，外表的特徵與個性有相當程度的連動性。這一章要為大家介紹我接觸過的顧客與女公關的特徵，以及告訴大家，擁有哪些外表的人，才是能長久相處的夥伴。

不過，要請大家記住的是，本章介紹的是以「對方是否是理想的戀愛對象與結婚對象」這種觀點挑選的特徵，所以就算對方不適合結婚，也有可能是工作表現很好的人，或是人品高雅的人，還請大家不要混為一談。

◎雙方的臉部輪廓相似就會很順利

接下來的內容都是源自婚友社的經驗。在我看過很多對順利結婚的伴侶之後，我發現臉部輪廓相似的伴侶非常多，有些是臉一樣長，有些則是臉一樣圓。

關於這點，人相學的專家也分成不同的派系，有些專家認爲，與臉部輪廓以及五官不同的另一半在一起，才能彌補彼此的不足，有些專家則認爲，臉部輪廓與能量有關，選擇臉部輪廓相似的人會比較契合，比方說，對於假日該怎麼過，比較容易達成共識。

我的話，比較能接受後者的意見。源自法國的相貌心理學提到，**圓臉與方臉這類「水平橫長類型」的臉部輪廓擁有豐沛的能量，而鵝蛋臉或是長臉這種「垂直縱長類型」的臉部輪廓則能量較為匱乏。**

由於交流會耗費能量，所以臉部輪廓爲「水平橫長類型」的人喜歡與別人開心地喝酒，或是喜歡在放假的時候，跟別人一起出門玩，但是臉部輪廓爲「垂直縱長類型」的人，卻喜歡待在家裡放鬆與充電，也會精心挑選一起玩的人。

由於臉部輪廓不同的人在體力上也有差異，所以與別人交流的方式以及使用假日的方式都有所不同。

其實臉部輪廓爲「水平橫長類型」的會員通常喜歡旅行、戶外活動與運動，而「垂直縱長類型」的會員則通常喜歡讀書與看電影。

雙方匹配與否，當然與各種因素有關，所以臉部輪廓充其量只能做爲參考。不

選擇臉部輪廓不同的人就容易吵架？

過，若是想找到能長久相處的戀愛對象或是結婚對象，挑選臉部輪廓相似的人比較能以「讓我們去喝酒喝個痛快，抒發壓力吧！」或是「今天好累，所以就悠哉一點如何？」的方式達成共識，反正記住這點也有好無壞對吧。

NO!!!

男性篇

這種另一半最討厭！哪種男朋友？

接著爲大家介紹成爲伴侶就會讓妳很痛苦的五種男性。

其實這五種男性都很受女性歡迎，但都是在開始交往或是想要結婚時，才會發現問題的類型。

臥蠶是花心男的證據？

我又被劈腿了啦！
而且還是偷吃我的朋友～
不是每次都這樣嗎？
咦？給我看看所有前男友的照片。
我簡直就是渣男吸引機嘛！
哇哇哇哇哇
我知道這種臉很讓人喜歡，但今後不要再挑眼袋這麼明顯的人了。

TYPE

1

臥蠶很腫 ⬇ 很花心

臥蠶或是眼袋很腫代表性慾很強，而這種男性通常散發著致命吸引力，讓女性不愛都不行。許多藝人的眼袋都很腫，所以只要稍微觀察一下，就會發現真的是這樣。

在我還是女公關的時候，我接觸過不少同時擁有多位情人的花心男，而他們每個的臥蠶都特別顯眼。

有魅力當然是好事，但如果亂放電，就有可能會一直劈腿或是勾引別人的戀人，然後惹得一身腥。

如果妳是那種被劈腿也要跟有魅力的人結婚的女性，或許還可以忍受，但如果妳是「絕對無法容忍男性劈腿」的女性，最好還是避開這種男性。

TYPE

2

眉毛很淡⬇突然大發雷霆的男性

我在還是女公關的時候，眞的接觸過五花八門的客人，有些客人會在喝醉的時候突然大發雷霆或是滿口髒話，有些則是會因爲一點小事就生氣，然後亂丟東西，而且這類客人還不在少數。

比方說，我曾經遇過明明上次還是很正常的客人，結果當他聊到宗教的話題，而我又只是不發一語地聽他說，他就氣得大罵「就是妳這種態度模稜兩可的傢伙，讓日本變得這麼糟糕的」，我也被罵得一頭霧水。

現在回想起來，這類客人的眉毛都非常淡或是非常短。

在人相學的世界裡，眉毛是溝通能力的象徵，所以眉毛很淡或很短的人，往往攻擊性較高，也比較易怒，有時候甚至會暴力相向。

此外，眉毛從中間斷開的人雖然是活在自己世界的成功人士，卻也是沒什麼道德觀，人際關係很糟，常常被排擠的人。

如果女性能在溝通的層面好好引導這類男性或許還處得來，但是這種男性只要一生氣就會失控，所以實在不算是優質的戀愛對象或是結婚對象。

TYPE

3

鼻孔附近有痣 ⬇ 虛榮鋪張的男性

一般認為，鼻子是財運的象徵。鼻孔較大的男性通常財運亨通，不管花了多少錢，通常都能賺得回來。大家看看北島三郎的鼻子大概就知道是怎麼一回事。

不過，**鼻孔附近有痣的話，就要特別注意。因為這個痣是鼻孔的延伸，代表鼻孔比想像中更大的意思。**

所以這些人很容易亂請客，亂買名牌，爲了虛榮而亂花錢。

在我還是女公關的時候，有一位客人每次來都一定會開一瓶要價三十萬日圓以上的高級香檳，而且還會跟我說「把所有跟美奈子比較要好的小姐或是還沒坐檯的小姐全部叫來」，幫我充場面。每次結帳時，金額都與他的月薪相當。幾個月之後，他就突然再也沒出現過，看來虛榮眞是要人命啊……。

TYPE 4

嘴巴半開➡老是幻想與陷入負面的人

一般認為，嘴巴是愛情的象徵。嘴巴半開，嘴角合不攏的男性，往往是以自我為中心以及相當自戀的人。

有些自戀的人會爲了成爲理想的自己而努力，所以自戀不一定不好，但是嘴角合不攏的男性通常會有被害妄想症，所以相處起來有點棘手。

這類型的男性很常抓我的語病，然後故意扣我帽子「意思是，妳只對帥哥有興趣？」再藉故生氣，或是自以爲是地說「反正女人就是看有沒有錢啦！」

其實我曾被這類客人說「我一直以爲我們在交往，爲什麼妳不願意辭掉女公關的工作？如果妳還要繼續這份工作的話，我想跟妳分手。過去在店裡的消費以及送妳的禮物都花了不少錢，希望妳能還我」，然後把請款單丟到我面前。

誤以爲在交往純粹是這位客人的錯覺，但是在這位客人的幻想世界之中，我們似乎是以結婚爲前提在交往，在我請店家居中協調之後，對方才倖倖然地離開。

與這種有幻想症或是佔有慾的人交往或是分手都要特別小心。

TYPE

5

眼白比例較高的人⬇控制慾強烈的人

這點是從事體育訓練員的朋友告訴我的。他跟我說，在一流的運動選手之中，有不少平常看起來很正常，比賽一開始就會變成三白眼，也就是眼球的左右兩側與下方的眼白突然變多的樣子。

一般認為，三白眼是渴望突破眼前困境、控制慾與虐人傾向極度強烈的面相。

證據之一就是漫畫中的這類角色都被畫成三白眼。

如果要在體育界或是商界成功的話，這種特質或許不錯，但是在日常生活的話，就會顯得太過執著，或是覺得自己永遠是對的，如此一來，也很容易與別人產生糾紛。如果能夠收放自如，當然很有魅力，但這種人性格往往太過強烈。

如果不是能同時包容對方尋常與乖僻這兩種個性的女性，恐怕很難建立長期的關係。

順帶一提，早期認爲黑眼珠的部分多一點比較有魅力，但最近似乎認爲三白眼更酷與更帥。

NO!!!

女性篇

這種另一半最討厭！哪種女朋友？

接著要介紹五種在一起就會備感辛苦的女性。

由於女性的情緒往往勝過理智，而且荷爾蒙更容易失調，所以情緒的起伏也比男性更加明顯。

雖然這也是女性的魅力之一，但是情緒的起伏太劇烈，其實是一種精神不穩定的狀態，也很難與他人建立長久的關係。精神穩定與否，其實可從外表推測，還請大家參考後續的說明。

TYPE

1

耳朵尖尖的⬇自嗨的類型

一般認為，耳朵與個人的素養有關，也負責操控資訊。耳朵尖尖的女性屬於情感豐沛，重視精神世界的類型。這種女性適合從事演員、作家或其他以感性爲賣點的工作，**但是情感過於豐沛，精神就容易變得不穩定，所以總是需要別人為她犧牲奉獻一切。**

其實街知巷聞的女公關或是酒店小姐，很多都是耳朵尖尖的類型。要討男性歡心，靠的不是應對進退，而是需要一點點的任性，或是動不動就哭的戲劇效果，而這些耳朵尖尖的女性能夠不假思索地如此演出，所以才會那麼受到客人的喜愛。

不過，在此也要聲明一點，這種類型的女性也很喜歡橫刀奪愛，所以常跟客人或是客人的老婆起衝突。

如果不是時間、經濟、心態都很從容的男性，恐怕很難跟這種女性交往，如果是渴望家庭生活穩定的男性，最好避開這種女性。

TYPE 2

髮際線不規則⬇一年365天，天天都是驚濤駭浪的日子

額頭代表運氣的強弱。

髮際線越俐落，代表運氣越穩定，越雜亂代表人生越是波瀾萬丈。

髮際線雜亂的女性雖然人生會遇到很多起伏，但創意豐富，很適合從事演藝圈或是藝術領域的工作，卻也很容易自亂陣腳與情緒失控。

之前同公司的女公關也有不少這類型的女性，她們也都擁有自行經營禮服店的才能，但是當她們與那些對工作或生活有很多意見的男性結婚，結果往往都是離婚收場。

所以，這類女性若能遇到懂得尊重女性生活節奏的男性，那當然是再理想不過的事，至於滿腦子只想著「希望女方配合我的生活」或「希望女方支援我的一切」的男性就不太適合。

TYPE

3

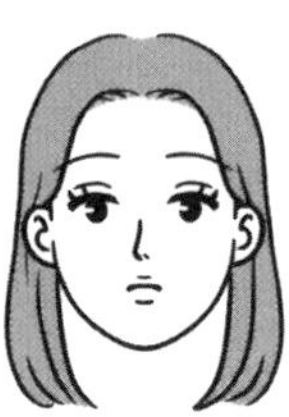

櫻桃小口 ↓ 容易寂寞的哲基爾與海德

擁有多張面孔固然很有魅力，**但就我的經驗來看，櫻桃小口的女性總是有很多祕密，雖然看起來天真無邪，但其實心機很重，往往是不太受男性歡迎的雙面人**。

看似個性豪邁，但明明過了好幾年，還是對前男友念念不忘的女性其實非常多。

究其根柢，都是因爲「寂寞」，所以若是覺得自己能付出滿滿的愛的男性，當然能夠應付這樣的女性，反過來說，希望兩個人之間沒有任何祕密的男性就最好避開這種類型的女性。

TYPE

4

顴骨高 ⬇ 導火線很短的炸彈

顴骨代表受不受歡迎，以及對於權力的渴望。顴骨特別高的女性屬於好勝心極強，能在生存戰爭之中倖存的類型。這種個性很適合在商界或是體育界闖蕩，卻也因爲太執著於勝負，動不動就會生氣，老是惹事生非。

比方說，只要員工一句話說錯，或是一個小動作做錯，這種女性就會立刻氣得在社群媒體抱怨，然後被網友撻伐「爲什麼這點小事也要貼文？」。

這種類型的女性也能在女公關這行闖出一片天，卻很容易被同事排擠。由於好勝心太強，所以很愛抱怨。

不過，她們也是表裏一致的人，而且工作能力又很強，很適合與那些喜歡女性充滿工作能量的男性在一起，只不過若是成爲家庭主婦，就很可能因爲那股好勝心無處宣洩而到處闖禍，所以不太適合與希望老婆待在家裡當主婦的男性在一起。

顴骨代表自尊

今天也順利地完成工作。
好強的氣勢
炙熱炙熱
噠噠
工作是很能幹，但也惹了不少麻煩吧？
啊——妳這句話很多餘喲……
話說回來，要不要去新的餐廳吃午餐？
噠噠
喂，妳們幾個給我站住！
工作做不好的話，至少假裝認真一下吧！
沒用的廢物！
高顴骨抱怨滿滿
公司裡的廢物只會忌妒，有夠煩。
#就是無能

TYPE

5

肌膚超級有光澤 ⬇ 凡事以自己為優先

一般認為，肌膚很有光澤代表運氣很好，能夠掌握幸福。不過，透過化妝讓自己顯得容光煥發的女性通常只以自己為主，跟她在一起的男性很有可能身心俱疲。

這類女性也算是很有心機的類型，所以一開始會假裝很溫馴，等到確定結婚之後，整個人格就會突然轉變，不管是什麼事情，都會強迫另一半聽她的話去做。如果遇到這種肌膚超級有光澤的女性，千萬要先冷靜下來，觀察她的本性，不要被她那副「溫馴的模樣」所迷惑。

YES♥

男性篇

下輩子也想再次遇見的他！

接著介紹五種適合談戀愛與結婚的男性。

這五種男性乍看之下，可能不太起眼，卻都是很有前途，很重視家庭的男性。

就算看起來很平凡，但只要仔細觀察，就會發現他們其實很有可能是潛力股。

TYPE 1

大佛臉➡事業成功，又愛老婆的男人

耳垂豐潤，鼻樑清楚的人是能兼顧事業與愛情的天選之人。沒有任何缺點的完美面相就是大佛臉。

在我還是女公關的時候，凡是事業成功，又受女公關歡迎，而且以疼老婆出名

大佛臉的男子是天選之人！

的客人也都是大佛臉。

這類型的男性通常在年輕的時候，都是出了名的愛玩，但等到四十幾歲之後，就會想要「停止漂泊」，轉變成顧家的個性。

若以藝人爲例，松本人志或是片岡愛之助就屬於這類型，松本先生是在45歲結婚，而片岡先生則是在44歲結婚，兩個人都非常晚婚。

TYPE

2

下巴方正⬇不屈不撓的復仇者

下巴代表的是生存方式以及不動產的運氣。

下巴方正又帶點弧度的男性是兼具包容力與意志力的類型。一般認為，他們有能力掙得大片土地或是大房子，所以是很理想的戀愛對象與結婚對象。

在我的客人之中，有不少這類型的男性，但某位身爲經營者的客人因爲進入新市場失利，公司被其他公司吞併，而他自己爲了保住員工的工作而失去了經營權，被迫離開公司。不過，有許多投資者因爲他是個負責任的經營者而投資他，他也因此東山再起，重新站上華麗的舞台。

這種充滿責任感與決策力的男性就算陷入困境，也一定會有貴人相助，讓他東山再起，所以女性大可跟著他，一起往前走，而且這類男性在不動產方面的運氣也很旺，所以說不定可以幫妳完成「住在豪宅」的願望。

TYPE

3

眉毛與眼睛之間的空隙很狹窄⬇懂得照顧家庭與小孩的男人

眉毛與眼睛之間的部位代表「家庭」。這部分很狹窄的人，通常是打從心底愛家、珍惜夥伴的類型。許多重視家庭更勝於工作的外國人都是這種面相。

這類型的男人會爲了家人全力以赴，哪怕工作再忙，也會抽空做家事與照顧小孩，做個稱職的家庭主夫。

老實說，我到現在還沒遇過這種客人。就我的感覺而言，在婚友社的男性會員之中，有心成爲家庭主夫的男性會員通常都屬於這類面相。

TYPE 4

法令紋明顯 ⬇ 大器晚成的人

法令紋代表的是工作運。由於法令紋象徵著衰老，所以許多人都覺得沒有法令紋比較好，但是法令紋越明顯，代表工作越成功，人生越是不需要為了金錢煩惱。

法令紋明顯代表社經地位崇高，直到晚年都能享受不至匱乏的生活，而且也是長壽的面相，所以是理想的結婚對象。

我有位同爲經營者的女性朋友，她的老公從年輕的時候，就有明顯的法令紋。

雖然一開始是不紅的搞笑藝人，但是他對男性美容有興趣，也因此開了間除毛診所當副業，沒想到居然一炮而紅，聽說收入還比我這位女性朋友來得更高。

TYPE

5

左側顳顬有痣⬇低風險、高報酬

男性的左臉代表私生活的區塊，而左側顳顬的痣是老婆或戀人的象徵。

換言之，**左側顳顬有痣的男性代表夫妻運極佳，越能得到老婆的支持，就越有機會飛黃騰達，是想進入家庭，全心支援老公的女性的最佳伴侶。**

我有位與這類型的上班族男性結婚的女公關朋友，她告訴我「老公覺得每個月領零用錢會讓他無心工作」，所以便在釐清家庭收支狀況之後，將老公的零用設定爲年收入的10%。由於她的老公非常喜歡手錶與汽車，所以年收入雖然高達一千萬日圓，卻幾乎沒有任何存款。她將目標設定爲「住在鄉下」之後，每天爲老公煮飯，照顧老公的健康，讓老公能夠在職場全力以赴，也因此升上高階管理職，年收入也增加一倍。換句話說，她的老公在結婚之後就踏上飛黃騰達的升職之路，成爲值得她全力支持的老公。

YES♥

女性篇

下輩子也想再次遇見的她！

適合談戀愛或是結婚的女性又有哪些特徵呢？在此爲大家介紹五種類型。男性常常透過氣質或是印象判斷眼前的女性是否爲理想的對象，但如果眞的要找到理想的戀愛對象或是結婚對象，就得觀察細節，看穿對方眞正的個性或是對方是否眞的適合自己。請各位男性千萬不要錯過天賜良緣喲。

TYPE 1

佛臉↓完美的妻子與母親

天庭飽滿是運勢很強的象徵，拱形的眉毛則是能夠與別人相處融洽，也喜歡照顧別人，所以這種女性往往能夠建立圓滿的家庭。

此外，鼻子下方溝槽的部位稱爲人中，這個部分的溝槽若是分明，代表這個人很有肚量，個性也很穩定，是有孩子緣的命格。

雖然這類型的女公關一臉和藹，無法透過華麗的外表吸引男性，但是氣質與自身的努力卻令人讚賞，所以這類型的女公關常常被客人求婚，也常因此辭職。

順帶一提，**眉目之間的部位在人相學稱為田宅，而這個部位越寬，越有佛相的女性往往能得到貴人相助，能在得到高位者或是朋友的幫助之下開拓人生。**

這種類型的女性能得到所有人的喜愛，也會是個賢妻良母，所以很適合追求圓滿家庭的男性。

TYPE 2

眼角下垂⬇

個性低調與溫暖的女性

眼角下垂的面相常讓人覺得「需要幫忙」，所以周遭的人也會忍不住幫忙這類型的女性。這類型的女性通常溫厚老實，所以能建立穩定的戀愛關係或是婚姻關

係。基本上，個性較為低調，但也懂得與他人協調或是社交，所以是誰都會欣賞的類型。

在我的女公關同事之中，其實也有這類型的人。就我的感覺而言，她們通常沒什麼自信，太用力讚美她們，反而會讓她們覺得有壓力，有時候甚至會爲了滿足旁人的期待而太努力，結果搞得自己精疲力盡。

比起讚美她們，還不如跟她們說「妳總是挑戰新的事情耶」、「謝謝妳親手煮飯給我吃」，認同她們每天的努力，反而更能鼓勵她們。

TYPE

3

圓潤的臉頰⬇表裡一致的萬人迷

臉頰圓潤是個性溫柔、懂得包容與忍耐的面相，所以也很受旁人喜愛。

這類型的女性很懂得表達自己的心情與感受，所以男性通常能一下子明白她的想法，是完全不需要猜測「她到底在想什麼」，又很容易相處的類型。

惹人憐愛的眼角下垂的女性

臉頰削瘦的女公關通常愛恨分明又很任性，常常會把整間店的氣氛搞得很緊繃。如果此時有臉頰圓潤的新進女公關，就能緩和現場的氣氛。這類型的女性很受高位者歡迎，也能與婆家相處融洽，絕對是無可挑剔的結婚對象。

TYPE

4

牙齒排列整齊➡腳踏實地的女性

牙齒是戀愛運的象徵。

牙齒整齊的女性代表擁有良好的人際關係，能吸引適合自己的對象。這類型的女性通常很有常識與責任感，非常適合與腳踏實地的男性在一起。

牙齒不整齊的女公關通常情緒不穩定，也常常惹事生非，例如只要事情不如己意，就會把熟客當成出氣筒。雖然也有客人特別喜歡這種大小姐脾氣的女公關，但如果想要找到一位個性坦率又擁有常識的另一半，最好還是挑選牙齒排列整齊的女性。

TYPE

5

眼頭有痣 ⬇ 絕對是鴛鴦夫妻

眼頭的部位被稱為「夫妻座」，這裡有痣的人往往可以找到最理想的另一半，也能擁有性生活圓滿的家庭生活。

順帶一提，到目前爲止提到不少次「痣」的話題，但這裡說的痣都是能帶來幸運的「黑色活痣」。

「淡褐色的死痣」在面相上，就比較沒有上述的效果。

眼頭有死痣的女性比較有可能出軌。雖然未審先判不是好事，但還是建議各位男性多注意這個部分。

第 3 章

要看穿對方的本性與謊言，就要分析社群媒體、LINE以及一言一行的這裡！

乘人之危其來有自

◎看穿表面和善的假人設！

如果能找到忠實的戀愛對象或結婚對象，那當然是再美好不過的事情，但有些對象卻不值得我們認眞對待。

有些人只想遊戲人間，有些人則是爲了騙錢，有些甚至是外遇慣犯、說謊精、家暴慣犯，或是習慣道德勒索的人，不然就是精神很不穩定，讓另一半無所適從的人，或是控制慾很強的人，這些人都無法建立穩定的關係，我們也該趁早看穿這些人的本性，盡可能地遠離這類人。

不過，這些不老實的人很懂異性的需求，總是能輕易地偷走異性的心。由於這些人常常假裝自己是「好人」，所以很難看穿本性。此外，**這些人也會使用心理學或是腦科學的洗腦技巧，所以一旦愛上他們，往往難以自拔。**

讓我們早一步看穿對方是否值得我們付出，不要在不對的人身上浪費寶貴的時間與金錢。

◎女性總是會不自覺地愛上渣男

到底這些宛如詐欺犯的男女是怎麼偷走異性的心呢？

一般認為，女性通常會愛上讓自己「安心」的男性。

人體有一種被稱爲幸福荷爾蒙的「血清素」，而女性的分泌量大概只有男性的一半，所以常常會感到不安。只要對方沒有立刻回覆 LINE 的訊息，就會覺得「對方發生什麼事情了嗎？」、「他厭倦我了嗎？」然後因爲不安而奪命連環叩，一直發訊息問對方「我有做錯什麼事情嗎？」，「有的話，要跟我說」。

許多男性都只把 LINE 當成聯絡方式之一，所以沒事不會特地傳訊息，也不會一直檢查有沒有收到訊息，而女性常常把 LINE 當成聊天工具，所以男女雙方會出現這類認知上的落差，但是渣男卻很常傳訊息。

老實的男性通常會覺得「她前陣子說自己很忙，所以現在還是先不要約她出來好了」，但太過體貼的結果，反而容易錯過女方希望他主動開口邀約的暗示，也因此錯過彼此的緣分。反觀那些渣男總是會主動聯絡，完全不在乎對方的情況，所以**許多女性都因此產生「越常聯絡＝對方越愛她」的誤會**，也因此對渣男卸下心防。

有些人覺得「說不定對方本來就是很主動聯絡的人」，不過，對方若總是「說一些泄氣話」或是「動不動就要妳幫忙出錢」，那百分之一百是渣男。男性通常會展示自己較爲強勢的一面，比較不懂得示弱，但是渣男卻會常常抱怨「工作好辛苦」，或是動不動就掉眼淚，搏取女性的同情。

這類渣男只會在一開始的時候請客或是送禮，之後便會以「我拿到工作獎金之後就會付，先幫我出一下」這類藉口，要求女性代墊旅行的費用，或是以「我現在還沒搬出父母家」的藉口，死賴在女方家裡不走，總之就是盡可能讓自己不用花半毛錢。順帶一提，如果在交友軟體上面看到「目前住在郊外的老家」或是「與母親同住」這類個人簡介，對方很有可能是已婚人士，因爲郊外的老家有可能是與老婆小孩同住的房子，母親其實是妻子，還請大家小心提防。

因爲對方常常聯絡自己而感到安心的女性會因爲害怕失去這種感覺而越來越依

賴對方，甚至會產生「因爲是我，他才會露出軟弱的一面」這種錯覺，以爲自己在渣男心目中，是非常特別的人，所以幫對方付錢也不以爲意，或是替對方找「他現在正是關鍵時期，所以很忙」這類藉口。

◎男性總是會瞬間愛上需要被拯救的悲劇女主角

另一方面，男性往往會不自覺地愛上讓自己有機會展現男子氣概的女性。女性若是聽到太過誇張的讚美，往往會覺得「對方是眞心讚美嗎？」但是男性往往是在不是第一就是失敗的世界打滾，所以多少都會有點英雄主義，而且就算坐上第一名的寶座，也會不斷地問自己「我能當這個英雄當多久？」也因此備感壓力，其他沒能拔得頭籌的男性也會懷疑自己「沒能成爲英雄的自己又有什麼價值可言？」

所以當男性聽到「好厲害！」、「了不起！」這類讚美時，通常會覺得自己被認同，也會打從心底開心，而且還會將讚美他的女性視爲「特別的人」，所以就算這位女性有些讓他覺得「咦？怎麼這樣？」的部分，他也會告訴自己「沒事沒事，我想太多了」然後視而不見，結果就被對方要了一堆禮物，或是被當成行動提款機，只在對方想吃大餐的時候才被叫出門，浪費一堆時間與金錢。

除此之外，**有些心機很重的女性也常常謊稱自己很可憐。**其實女公關也常常編造一些謊言，讓顧客不斷地來店裡消費，例如，有些女公關會告訴客人「她的家庭很複雜」、「她欠了一大筆債」或是「前男友很惡劣，讓她再也不相信男人」，讓客人誤以為「我一定得幫她一把」，讓客人滿足自己的英雄主義。

許多男性之所以會不小心愛上精神不穩定的女性，往往是因為「我一定要為她做些什麼」的心情作祟（沒能得到男性的照顧，也是女性的精神變得不穩定的原因之一，所以男性不要把所有的錯都怪在對方頭上，也要試著反省自己）。

想必大家已經知道，渣男與渣女的一言一行都藏著許多男公關與女公關常用的技巧。一旦被渣男或渣女盯上，就會因為害怕失去安心感或是害怕自己的英雄主義無法得到滿足，而越來越依賴對方，也因此被對方吃的死死的。

反過來說，這些技巧也是搏取異性歡心的技巧。簡單來說，這些技巧是有如魔法的技巧，還是來自惡魔的技巧，取決於使用的人，有些人利用這些技巧與異性建立良好的關係，有些人則是利用這些技巧欺騙別人。

為了避免自己浪費寶貴的時間與金錢，請透過 LINE 或是社群媒體的訊息，或是對方在約會時的一舉一動，培養看穿對象本性的眼光，讓自己避開危險人物，找到無可挑剔的另一半。

瀰漫於社群媒體的遺憾

◎內心的顏色會於照片顯現

目前已經有不少的統計或是意見，說明 LINE 的大頭貼、社群媒體的個人簡介照片與個性或受歡迎程度之間的相關性，而我覺得最爲準確的是下列這兩點。

我覺得，社群媒體的個人簡介照片若是

- **配色較少的照片（黑白色調、背景空無一物、留白太多）**
- **用手或是某些配件遮住自己的臉**

這類人通常抗壓性不足，而且內心非常敏感。雖然這只是我個人的主觀，不過

我曾在看了照片之後，與照片本人見面，也曾在認識本人之後看了照片，覺得

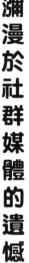

「對方的個性果然如我所預想的」，而且我在擔任女公關的時候，曾接待過幾百位或是幾千位客人，所以才敢有此結論，說不定大家此時此刻已經想到自己的身邊也有這樣的人對吧？

這類男性或是女性都很需要別人的憐愛，所以若不是非這種類型不愛，最好還是不要跟這類男性或是女性談戀愛與結婚。

若要挑選理想的另一伴，建議大家選擇以下列這種照片作爲 LINE 的大頭貼或是社群媒體個人簡介照片的人。

・背景為大自然，顏色相對繽紛的照片

若使用這種沒有過度修圖，色調自然明亮又繽紛的照片，代表照片裡的本人很認眞又老實，是能建立良好關係的類型，也是最理想的伴侶。

此外，這類型的人也常常會透過照片，表達自己「很開心」或是「很難過」的情緒。

大頭貼會透露當事人的個性

我老是遇不到好男人！
大頭貼看起來很帥♡但實際見面之後，根本不是那麼一回事！
好像很帥…
好像很有品味
或是看起來很帥，然後滿心期待地見到對方之後，
才發現對方是黏到不行的爛男人。
每天每天每天……
好可怕
喂，快接電話啊
妳在幹嘛？現在在哪裡？我好想見你，好想、好想、好想、好想…
喂，夠了…
妳不接電話的話，我現在去妳家
要不要從另外的角度看照片？
有資料指出，大頭貼越自然的人，越是理想的結婚對象。
色彩繽紛的大頭貼
比方說，這種如何？
結果
我結婚了—!!

◎大男人主義的發言絕對是道德騷擾

如果想知道對方會不會有道德騷擾的劣根性，不妨瀏覽他在社群媒體上的貼文。

・「今天的活動有好多可愛的女孩子來參加，眞的是太棒了！」
・「今天的活動有好多來賓，好熱鬧啊！」

雖然這兩個人去了同一個活動，但從前者的「有好多可愛的女孩子＝太棒了！」這點來看，這肯定是男性的貼文。

這類男性以高學歷、高收入的類型居多，也具有領導能力，是值得依賴的對象，但也因爲長期在男性至上的社會打滾，所以常有輕視女性的傾向。

這些人在交往前，可說是熱情如火，每天都甜言蜜語，但在交往之後，便出現下列這些行爲。

・「幹嘛那麼努力工作啊？（再怎麼努力工作，年收入還是比我低啊）」說一些

瞧不起人的話

・「這樣子沒辦法當好老婆喲」，一直對家事有意見

・「多打扮一下，讓自己有點女人味啦」，硬要女方接受自己的審美觀。

所有這種瞧不起對方的言論都是道德騷擾。

千萬別把這些言論看成「因爲對方喜歡我才這麼說」或是「對方都是爲了我好」，因爲結婚之後，對方只會越來越過份，所以趁早分手才是上上之策。

其實我也曾經與很棒的常客談戀愛，但是在女公關店以外的地方見面時，他便像是擺脫了束縛般，老是說「妳說的事情很無聊耶」或是「妳還眞是沒有我不行啊」這種道德騷擾的話，所以我也與他保持距離。明明一開始不覺得他會是這樣的人，但現在回想起來，他的臉書都是這種道德騷擾的內容。當初要是能早點發現就好了，不過，也就是曾經遇過這種人，所以現在才能分享給大家。

◎自拍照要確認背景

有些女性會在社群媒體貼上「星巴克新品」這類貼文的時候，故意在飲料後面放個名牌錢包，或是貼上「小貓咪來我家了」這類貼文，卻將照片的重點放在自己的房間有多麼豪華。這類女性都屬於不敢直接炫富，只敢偷偷炫耀，渴望別人給予關注的類型。

這種只敢間接炫耀的心態在心理學的世界稱爲「假裝謙虛的自傲」，也是惹人討厭的行爲之一。

這種自信不足，又惹人討厭的行爲其實無法得到旁人的認同，久而久之就會陷入負面的漩渦。

這種得不到認同的心態會讓這類女性一直要求交往對象回覆LINE的訊息，或是一不順心，就怪對方「不夠貼心」。

這類女性往往抗壓性不足，也不知道該怎麼面對同儕壓力，所以一旦結婚生子之後，就會被同爲媽媽的朋友影響，然後跟老公說「我的那些朋友都讓小孩接受小學入學考，所以我們家的小孩也得去考」或是「大家都有，所以我也要買」。如果不是太過份的要求，有些男性會覺得這樣的女性很可愛，所以男性不妨讓對方知道自己的底線，再與對方交往吧。

◎散發著倦怠感的照片是心情低落的訊號

美國有許多關於社群媒體與心理健康的研究正在進行。

比方說，哈佛大學曾經從一百六十六位 Instagram 使用者的帳號收集了四萬五千張左右的照片，再透過這些照片分析這些使用者的心理狀態，得知容易陷入不安或憂鬱的人具有哪些特徵。這些特徵如下。

- **比起不憂鬱的人，這些人的貼文數量特別多。**
- **照片的色調通常偏藍色。**
- **照片通常是自拍的大頭照或是某個人的臉部特寫。**

換句話說，既是 Instagram 的重度使用者，又是喜歡自拍的人，心理健康通常有些問題。

輕率的 LINE 訊息是可怕的陷阱

◎ 對方若是不顧你的感受就亂改行程，就要特別注意對方

有時候女性會因為身體不舒服而更改約會的日期，各位男性是否曾經透過LINE 傳給對方

「你還好吧？那什麼時候可以見面？明天，還是後天？」

這種口惠而實不至的訊息可是男性常犯的錯誤喲。

這種訊息只會讓女性覺得「蛤？說什麼『還好吧？』嘴巴說說誰不會啊」，也會讓女性失去與你進一步發展關係的動力，不過，這有可能只是因為發這種訊息的男性還不知道該怎麼與女性相處而已。

交往經驗不多的男性會擔心「喜歡的人被其他男性搶走，所以會急得想要趕快與對方約會」，也因此無暇顧及女方的感受。

反過來說，懂得在女方覺得不舒服的時候問「身體狀況還好嗎？」然後配合女方的身體狀況調整行程，或是願意多等幾天，直到女方完全康復的話，這種男性通常很習慣與女性相處，而且也很受歡迎。

能在這種時候調整行程的男性肯定能牢牢抓住女性的心，但女性若是在此時就判斷對方能否成爲忠實的另一半卻又言之過早。

建議女性不要在這時候就判那些不夠貼心的男性出局，而是要清楚地告訴對方能夠見面的日期，別讓對方不知所措，也讓自己有機會更了解對方。

順帶一提，如果女性傳來「我今天覺得身體不太舒服」的訊息，千萬不要回什麼「我也是耶，今天莫名覺得疲倦」這種訊息，這種負面的同理心很多餘，建議大家回答「還好嗎？」接著再問對方「不要太勉強自己，要好好休息喲」，才能感動女性。

◎沒有人喜歡看自我炫耀的訊息

我在擔任女公關的時候，遇過很多位喜歡炫耀自己有多厲害的客人，比方說，有些客人尤其喜歡在出差時，在只有管理職才能使用的機場VIP室自拍，然後將照片傳給我，或者故意在紐約分公司前面拍照再傳給我，不然就是一直傳在健身房練得多壯的照片給我。

有些沒什麼戀愛經驗的男性或是四十幾歲以後的男性，也會替自己拍一張臉部的特寫照，然後當成貼圖傳送。

如果已經開始交往或是兩個人正在曖昧，或多或少還能理解對方為什麼會傳那些自我炫耀的照片或是臉部特寫照，但如果彼此還只是互傳訊息的關係，代表對方根本沒搞清楚彼此的距離。

由於對方是渴望被認同，以自我為中心的男性，所以不太懂得該怎麼與女性磨合，這時候女性若能忍住脾氣，不要問對方「所以咧？傳這些照片幹嘛？」以及適度地稱讚對方，或許就有機會交往。

不知道誰看了會開心的「自我炫耀」訊息

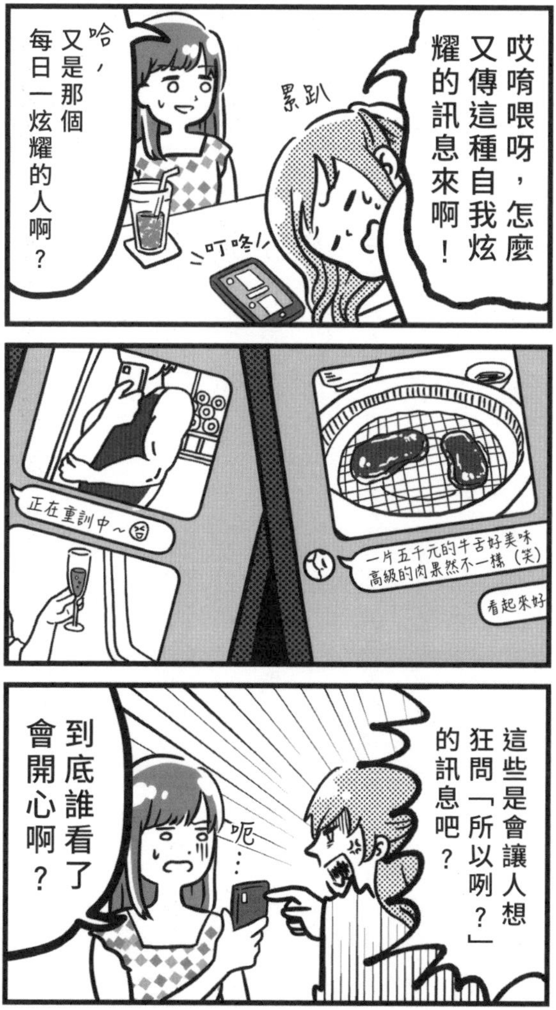

◎對每位女性都說「因為是妳」、「只為了妳」

「妳真的好可愛，每次看到妳都很療癒耶～」

「不能見面好痛苦喔～」

能隨口說出這類甜言蜜語的男性要列爲危險人物。渣男很常說**「我平常不會說這些，只會對妳這麼說喲」**，這也是一種讓女性覺得「我的眼裡只有妳」的手段。

這類渣男會一直跟女方說要結婚，然後一直問女方來自哪裡，做什麼工作，家裡有幾個人，不然就是只在週末的晚上約會，或是說的老是與做的不一樣。

第一章也提過，不管對方說了多少甜言蜜語，終究都是虛僞的溫柔。

比起那些甜言蜜語，懂得在妳想要的時間與地點約會、盡力預約妳喜歡的餐廳，欣賞妳推薦的電影或書籍的男性便顯得有些枯燥無趣對吧？不過，女性也必須懂得欣賞這些努力，因爲這才是眞正的愛情。

◎不想被抓住話柄，滿腦子只想上床的男人

有些渣男從來不說「我喜歡妳」，也不說「我們交往吧」，只喜歡搞曖昧，傳一些讓妳以為他對妳有好感的貼圖。

在我的婚友社會員之中，有一位三十六歲的女性會員，她告訴我，她之前曾經透過交友軟體認識了一位男性，這位男性在剛開始的半年之內，幾乎每天都透過LINE傳一些曖昧的訊息或貼圖給她，但從來沒說過喜歡她，也沒說過要跟她在一起，不過她覺得，總有一天對方會跟她告白吧。就在某次約會時，對方想要跟她去開房間，但她以「還沒被告白」這個理由拒絕了對方。雖然當下的氣氛有些尷尬，也原地解散，但之後對方還是會傳訊息給她，讓她覺得對方應該不是爲了上床，所以就在下一次約會時，跟對方去開了房間。沒想到從那次之後，對方就像是從人間蒸發一樣。其實雙方的排休一直都對不上，所以每個月頂多只能見一次面，而且對方雖然一直說「我好想見妳」，卻從來不肯安排時間，仔細回想之後，也發現他說自己「住在公司宿舍」這點很奇怪。

這種男性之所以不表明態度，只是爲了之後能以「我沒說過喜歡妳，也沒說過

要跟妳在一起，更沒有逼妳跟我約會」這些藉口逃脫責任而已。

如果遇到這種態度曖昧的男性，就告訴自己「先觀察對方幾個月再說」，替這段曖昧期訂個期限，如果遲遲沒有任何進展，就跟對方說再見。這才是聰明人的做法。

◎「剛剛有地震，還好嗎？」是屢試不爽的錦囊妙計

在我還是女公關的時候，只要在上班的時候遇到地震，除了會照顧身邊的客人，還會立刻在桌面底下輸入「剛剛有地震，還好嗎？我很擔心你，所以忍不住傳訊息給你」，再將這個訊息同時傳給幾十位客人。

其實我只是想讓對方知道「如果你收到這個訊息，覺得自己很特別的話，我也會很開心喲」，不過，只要傳了這類訊息，那週的業績就會特別好，客人都會特別來店裡露露臉。

就我的經驗來看，會傳這種訊息給妳的人，不是詐欺犯就是眞心爲妳著想的人。

如果對方沒有本章介紹的那些危險因素，那麼對方很可能是眞的喜歡妳。

順帶一提，某間婚友社的顧問會要求男性會員「在發生地震時，一定要傳訊息問女方『還好嗎？』」請大家不要在這種時候讓對方失望，記得傳個訊息，讓對方知道你有多麼想跟她在一起吧。

◎不肯表白就是對這段關係不夠認真的證據

根據犯罪心理學的統計，習慣利用他人的人總是閃爍其詞，不願表明立場，然後以各種方式接近對自己有幫助的人。

「我應該是喜歡妳……吧？」、「那個人好像很欣賞〇〇耶」，透過LINE傳送這類訊息，或是在聊天的時候東扯西扯的人，很可能只是在刺探獵物的反應。

此外，某個統計結果指出，表裡一致的人常會使用「原來如此」、「真的是這樣沒錯」的詞彙回應對方。

雖然這些有可能只是口頭禪，但還是建議大家多觀察對方說了哪些話，用了哪些詞彙，免得被對方裝出來的溫柔所欺騙。

◎把「居然」、「怎麼這樣」這類詞彙掛在嘴邊的人很麻煩

男性：「今天客人比較少，所以比較早下班，妳今天過得怎麼樣？」

女性：「今天居然很忙耶！」

「居然」或是「怎麼這樣」這類詞彙通常帶有「比想像中更加……」的意思，代表想像與現實的情況有落差。

比方說，在旺季的時候，通常能夠預測來客數的多寡，而當自己覺得「今天應該不會那麼忙吧？」卻來了很多客人的時候，大概就會說出「今天怎麼這樣忙」對吧。

常將「居然」、「怎麼這樣」這種詞彙掛在嘴邊的女性通常很自以為是，視野又很狹隘，所以常常會有「結婚典禮一定要在○○飯店舉辦」或是「結婚之後，夫妻要開誠佈公，不能有半點祕密」這類莫名的堅持或信念。

這類女性也很容易疑神疑鬼，所以只要男性沒有立刻回覆LINE的訊息，就會解讀成「對方是不是不愛我了？」或是為了消除自己不安的情緒，變成「緊迫盯

人」的女人，所以各位男性務必慎重考慮，再決定是否與這類女性交往。

其實有許多女公關也是屬於這種類型，有些女公關會與已婚的顧客談戀愛，然後談到吵得不可開交的地步，最後還消失不見。

順帶一提，女性加在 LINE 訊息的「愛心符號」就只是某種標點符號，沒有任何暗示，還請各位男性不要會錯意喲。

實際見面與聊聊天，確認對方的本性

◎盲目的信任會讓謊話孳生

騙子爲了圓謊，會不斷地追加條件、找藉口與說謊。下列就是騙子圓謊的例子。

對方：「你不是說你住在吉祥寺嗎？爲什麼會買坐到八王子車站的定期月票呢？」

騙子：「啊，我忘了跟你說，我老家在改建，所以我暫時住在姐姐跟姐夫那邊啦！」

對方：「你說你在○○公司上班對吧？我剛好有朋友在這間公司，但對方說沒聽過你這個人。」

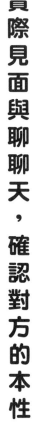

騙子：「啊，我忘了跟你說，我不是在畢業季進入公司的，跟應屆畢業，進入公司的人不太熟啦！」

正常人應該不會說這種謊話，但有些人就算覺得怪怪的，還是選擇相信對方，繼續與對方交往。

這些人之所以會變得如此盲目，是因為已經付出了相當的時間與金錢，而這種情況在心理學稱為「沉沒成本效應」，也是騙子常用的伎倆。

話說回來，這與沉迷於公關店的人覺得「都花這麼多時間與金錢了，說不定再努力一下，對方會點頭願意交往」的心態非常類似。

對方願意去約會，也常常把喜歡掛在嘴邊，還常常透過LINE傳訊息，所以就算說的話與行爲有點出入，對方可能還不想解釋爲什麼。反正最後會結婚，之後再問就好了。

當你這麼想就會越陷越深，無法自拔。

◎直覺往往是正確的

其實我自己也曾經被男性騙錢。雖然當時隱約覺得「這個男人好像不太對勁」，但總是一直告訴自己「我不相信這個男人會騙我」、「說不定他只是暫時不順遂而已」替自己洗腦，所以才遲遲無法面對真相。

在理性與個人期待的驅使之下，讓我不由自主地「想相信他」，可是我的直覺又告訴我「這個人肯定有問題」。

「沒想到透過交友軟體認識的對象會人間蒸發，難不成他原本就只是想上床嗎？我想知道他的想法，不弄清楚他的想法，我絕對不甘心。」

「我聯絡不到她，是我太過緊迫盯人了嗎？」

曾有人問過我這些問題，雖然這些問題的答案要問對方才會知道，但是若從直覺來看，答案就藏在這些問題之中，也就是說，**對方很可能真的是因為「只是想上床」或是「太過緊迫盯人」而離開。**

與其滿腦子想著「我想知道眞正的理由」而悶悶不樂，不如相信自己的直覺，爲這種鬱悶的心情畫下句點，然後勇敢地踏出下一步，尋找新的邂逅，我覺得一定會有機會遇見更棒的人。

順帶一提，劍橋大學的實驗證實，越是能正確掌握自己心跳數的人，直覺越是敏銳，換句話說，**如果想培養敏銳的直覺，不妨試著透過訓練，正確掌握自己的心跳數。**

◎對方不一定是因為喜歡你才請客

與對方見面之後，對方請我吃了頓大餐，我以為對方喜歡我，便向對方告白，沒想到對方居然回答「我從來沒有在一起的打算」。

每次出門都是各付各的，所以我以為對方對我沒興趣，沒想到對方突然告白，害我嚇了一大跳。

常常有女性朋友拿這些問題來問我。

女性常常把「請客」這件事跟對方對自己有沒有興趣畫上等號，但「請客」這件事與「財力」或是「習慣」有關，與對方對妳有沒有興趣沒什麼關係。

固然對方對妳有一定的好感才會請客，但是男性的「好感」其實定義很廣泛，**有可能是因為「想做愛」而請客，也有可能是因為「沒想過要交往，只是覺得與其跟男性一起吃飯，跟女性吃飯比較開心」而請客。**

口袋有點錢的人也會基於不同的理由請客，比方說，有些人的原則是「與女性吃飯，絕不讓女性付半毛錢」，有些人則是再怎麼有錢，「也只去家庭式餐廳吃飯」。

甚至有些人會說「下午茶我請，但吃飯的時候，希望女方能稍微出點錢」或是「月底了，希望能夠各付各的」，總之每個人對於請客這件事都有自己的想法。

重點在於，男性在沒錢的時候，敢不敢開口說出「我現在手頭比較緊，今天妳能幫忙出一點嗎？」與女性建立正常的關係。女方也要記得在對方請客時，跟對方說句「今天謝謝你請客，如果手頭不方便的時候，要記得跟我說，我也會幫忙出的」。

那麼男性又該怎麼做才對呢？

如果因爲各付各的而在女性心中留下「小氣鬼」的印象，有時反而會得不償失，所以在選擇餐廳或是規劃約會行程的時候，盡可能不要超過自己的能力範圍。

因爲也有很多不用花大錢，也能很開心的約會行程。

◎加深彼此關係的三級跳（hop step jump）

一般認爲，若是希望戀愛或是婚姻生活變得圓滿，就得按部就班地發展彼此的關係。

美國社會心理學家默斯特因（Murstein）曾以「SVR」理論說明人際關係發展的三個階段。

STEP1　刺激（Stimulus）階段

在剛開始認識的時候，外表、年收入、家世、社經地位、不自覺的小動作或是其他具體可見的刺激，都是決定彼此能否成爲戀人的關鍵。

被這些外在的刺激吸引，越來越想接近對方是再自然不過的事，所以**若不希望自己在這個最初的階段被淘汰，就要記得打理自己的外表。**

STEP2 價值（Value）階段

就算被外表吸引，「價值觀」是否接近才是決定兩個人是否在一起的關鍵。故鄉、興趣、笑點、怎麼度過假日，以及如何規劃金錢，如果能在上述這些部分找到共通之處，彼此就會變得更加親近。

此時的重點在於透過LINE互傳訊息或是聊天，與對方談論更深入的事情。

STEP3 角色（Role）階段

一旦開始交往，彼此變得更加親密，就有可能會一起去旅行，一起從事共同的興趣，一起做的事情會變得更多，此時分工合作就變得非常重要，比方說「我會預約飯店，妳能幫忙租車嗎？」雖然在價值階段找到共通之處很重要，**但是在進入角色階段之後互相扶持與互補，才能建立再也少不了對方的親密關係，也才有機會結婚。**

◎雙方都別對親密接觸操之過急！

一般來說，都是透過上述的三個階段慢慢變得親密，會透過對話了解彼此的過去、或是之前交過哪些男朋友或女朋友，也可能聊到彼此對於戀愛或是結婚的看法，進一步確認彼此的價值觀，之後也有可能牽牽手或進行一些肢體接觸，然後告白，再產生肉體關係。對於女性來說，這也是最安心的流程。

不過，最近聽到一些男生會在第一次約會的時候，突然牽女生的手或是索吻。這類男性不見得是為了上床或是騙錢，有可能只是誤信了搭訕專家或顧問的建議，以為「不想只是朋友，就要在一開始發動攻勢」才是正確的做法，但這些男性應該都沒什麼戀愛經驗吧。

有些女性會在彼此的關係還不深的時候，故意製造一些肢體接觸的機會，例如故意在走路的時候挨著對方、以擁抱代替謝謝，或是動不動就挽著男性的手臂或肩膀，但這類型的女性不一定是為了談戀愛或結婚才這麼做。

肌膚之親的確能促進被譽為愛情荷爾蒙的「催產素」分泌，讓自己敞開心房，對對方產生好感，讓彼此變得更加親密。

此外，如果在第一次見到對方的時候，對方就直接叫自己的名字或是牽手，我們就會爲了消除認知落差（認知不協調）而告訴自己「咦？我跟這個人已經是可以牽手的關係了啊？說不定眞的是這樣」，以便讓自己的行動與想法一致。

話說回來，這還是有過猶不及的問題，進度太過超前的肢體接觸幾乎等同於犯罪，就算沒有欺騙對方的意思，也有可能讓對方覺得「我還以爲我們的價值觀很接近，看來是我誤會了。」

聽到女性說「交往之後才能發生關係」就告白，然後在到手之後就人間蒸發的男性非常多，所以女性不妨告訴對方「我希望能更了解彼此再發生關係」或是「我是那種希望慢慢發展的人」，不要被對手牽著鼻子走。

假設對方要的只是妳的身體或是錢，聽到妳這麼說就會消失不見，不知道該怎麼跟女性相處的男性則會檢討自己以及配合女方的步調。

我想告訴男性的是，別照本宣科，急著與女性拉近距離，而是要按部就班，一步步抓住女性的心。

□能夠聊很深入的事情嗎？

□用餐時，把自己的杯子放在對方的杯子附近，對方也不會立刻把自己的杯子擺到別的地方嗎？

□碰到手臂或是肩膀2秒，對方也不會覺得討厭嗎？

□輕輕扶著女方的腰，女方也不會討厭嗎？

經歷上述這些階段之後，或許就能自然而然地牽手、接吻以及進入下個階段了。

第 4 章

了解對方適不適合自己的七個問題

懂得傾聽就能抓住幸福

◎先確定「合得來」再決定是否「頻繁見面」

不管是交往還是結婚，「感覺對不對」很重要對吧？

在意食衣住行的哪些部分，對於金錢、工作的看法，與父母親或兄弟姐妹的相處方式固然重要，大家也都知道不可能遇到與自己在這些部分完全合拍的對象，但大部分的人還是希望能遇到感覺對的人。

如果是學校、職場、同好會這類常有機會接觸的對象，通常能從平常的對話或是對方的一舉一動了解自己與對方合不合拍，但如果是透過交友軟體或是婚友社介紹的對象，通常只能透過訊息聊聊天，或是一個月約會個兩三次而已，所以很難確認自己與對方是否合拍。

不知道感覺對不對，還一直見面的話，就會覺得：

「對方好是好，但少了點什麼」
「對方的條件都很好，但我沒有怦然心動的感覺」
「聊的都是一些無關痛癢的事情，沒辦法了解對方真正的想法」

彼此的關係也難有進展。
正因爲接觸的機會有限，所以要知道對方跟你合不合，就必須多問一些比較深入的問題。

◎提出深入的問題時，要為對方準備台階

如果覺得一開始就提出太深入的問題很沒禮貌，不妨先跟對方說「接下來要聊的事情可能有點越線」、「如果不喜歡我這樣問，可以不要回答」，只要問題不會太過分，對方應該都會願意回答才對。
其實有不少人討厭被問「屬於個人的問題」，但也有研究結果指出，一下子就

與對方聊得很深入，比較容易與對方拉近距離。哈佛大學的研究指出，讓別人知道自己的情緒或想法，大腦可得到與吃到美食或是做愛一樣的快樂，所以比起不適當的肢體接觸，向對方敞開心房更能得到快樂。

順帶一提，很多人以爲女公關都會假藉肌膚之親，偸走顧客的心，但這樣很有可能誤會「只是爲了錢」，所以若想讓對方知道「妳對他是怎麼的人比較有興趣」，不妨問問對方「你想要的生活或人生是什麼？」就能讓對方覺得妳是他的「眞命天女」。

比方說，可以問問對方「你希望一年之後過怎麼樣的生活？」並在對方回答之後說「誒，好棒喔，我們兩個說不定很合得來，我還以爲只有我想要過這樣的生活」。

之前就曾因爲這樣回答而得到客人點檯，而這位客人比較喜歡女性主動，所以我也跟他開了一些玩笑，拍了拍、捏了捏他的屁股，還餵他喝了飲料。

◎透過自虐與敞開心房積極展開攻勢

第一章也稍微提過，每個人在從別人身上得到一些好處之後，都會想要「回報」對方，所以若是想了解對方的過去或想法，就要先讓對方知道自己的過去或想法，讓對方覺得「既然對方都這麼坦白了，我也應該聊聊自己的事情」。

此外，**如果是有點難以啟齒的事情，不妨先跟對方說，「接下來要講的事情有點不好意思」。**

先說「不好意思」可放低身段，讓對方取得優勢，藉此讓對方敞開心房，對方也就比較容易回答你的問題或是答應你的請求。

男性：「接下來要講的事情有點不好意思，不過我之前是因為被劈腿，才跟前女友分手的。我覺得妳很可愛，又很聊得來，所以若是有男朋友的話，肯定一下子就結婚了，為什麼沒能跟前男友結婚呢？」

女性：「其實我也被前男友劈腿了。」

如果是彼此互有好感，關係卻遲遲沒有任何進展的話，像這樣分享一些**「不太**

能跟別人聊的祕密」，通常能讓彼此進入「朋友以上，戀人未滿」的關係。

其實我也常跟客人分享一些有點不好意思的祕密，藉此與客人拉近關係，例如我曾跟客人說「我一直都有收集成人玩具的習慣喲」。

就我所知，能長久交往的情侶通常都能聊一些平常難以啟齒的事情，而那些無法維持關係的情侶往往只聊無關痛癢的話題。

如果希望彼此的關係能更進一步，不妨記住這個技巧吧。

◎發問是最厲害的溝通技巧

當你懂得透過問題一步步深入地了解對方，就會知道對方是否是理想的戀愛對象或是結婚對象。

不老實的人會將自己能夠控制的對象當成獵物，而且他們知道不能給對方太多屬於自己的資訊，不然謊言會被拆穿，所以通常會自動避開那些會對自己提問的對象。

比方說，如果對方跟你說「我住在公司宿舍，所以不能常常見面」結果你二話不說就相信對方，很容易成爲對方口中的獵物，不過，你若是懂得繼續問**「是喔，你住在公司的宿舍喔，有很多同事一起住在宿舍嗎？」、「如果沒遵守門禁會怎麼樣？」**對方如果是老實人，一定會覺得「眞開心，對方對我有興趣」，但是那些不老實的人反而會覺得你很麻煩。

不過，要延伸話題其實很難，所以建議大家先學會**5W1H的聊天技巧。**

女性：「我覺得跟你聊天聊得很開心，也覺得你很棒，但是，**為什麼（WHY）**沒辦法跟之前交往的人走到結婚那一步呢？啊，如果你不想回答的話，不用勉強喲！」

男性：「我跟之前交往的人都很忙，一直找不到適當的結婚時機。」

女性：「眞的，結婚也很看時機啊！」

男性：「就是說啊，對方跟我說想結婚的時候，我沒這個打算，輪到我跟對方說想結婚的時候，對方也已經打消念頭了。」

女性：「所以到底**該怎麼辦（HOW）**才好啊？」

男性：「對啊，到底該怎麼辦才好啊，如果妳知道的話，一定要告訴我啊！」

女性：「嗯，那當然啊，你覺得在**什麼（WHAT）**狀態下會想結婚啊？」

男性：「大概是結了婚，生了小孩也沒問題的狀態吧，因爲最近我的工作也總算上軌道了。」

女性：「我每次看到自己的父母親都覺得有家人眞好，只要對方也覺得有家人很好，我也很想生小孩啊！」

這些與戀愛有關的問題往往可讓話題延伸到小孩或是父母親的部分。之後也可以繼續問：**「你覺得跟怎麼樣的人（WHO）在一起比較輕鬆？」、「你幾歲（WHEN）會想結婚呢？」、「你會想住在哪裡（WHERE）呢？」**讓話題得以繼續延伸。

使用 5W1H 這種聊天技巧可讓話題無限延伸，也能越聊越深入與越開心，有機會還請大家使用看看喲。

從下一節開始要爲大家介紹七個了解對方與自己合不合的問題。

問題1　如果想知道對方的個性……

「你為什麼會選擇這份工作呢？」

◎ 發出「我想更了解你」的訊息

不管對方是男是女，要想了解對方的工作，最適當的問題就是「爲什麼會選擇現在這份工作呢？」

由於這個問題問的是理由，所以與其說是想知道對方的工作，**更能夠讓對方覺得「我想知道你是怎麼樣的人」。**此時通常能從對方的答案一窺對方的個性與得到很棒的線索。

「其實我本來是想做有關大眾媒體的工作，可惜這類公司全軍覆沒，所以才進入現在這間公司。不過，後來我才發現，其實我還蠻適合做業務的，現在也做得很開心」，如果是這種沒機會做最想做的工作，還能繼續加油的男性，代表對方的

想法很靈活，也很有韌性。

有些女性會說「我工作很認真，但是也花很多時間培養興趣」，這樣也能了解對方的價值觀。

雖然有些人會說「呃，我工作都是隨便找的」、「我做這個工作沒什麼特別的理由」，不過對方很有可能只是在謙虛而已。

「你之前找工作的時候，希望進入哪一行啊？」

「這份工作最有趣的部分是什麼啊？」

請試著透過上述的問題延伸話題。

如果對方一直有一搭沒一搭地回答，很有可能對方不覺得工作很重要，或是對自己的工作沒信心，害怕給對方留下不好的印象，此時不妨將話題帶到下班之後的生活。

◎在詢問工作時，有幾個不該問的地雷！

能夠先了解對方的工作當然是再理想不過的事情對吧，因為工作穩不穩定，年收入高不高，是不是常換工作，工作忙不忙，都與生活息息相關，所以當然會想知道對方的工作。

不過，若一開始就抱著打破砂鍋問到底的態度，對方也會覺得被緊迫盯人。曾有婚友社的會員跟我提到下面這些有關工作的交流。

男性會員：「因為對方的職業欄寫著派遣員工，所以就問了問對方，曾經去哪些企業服務，但對方只說『我做的工作沒什麼好提的』就不再繼續聊這方面的話題。其實我只是為了打開話題才這樣問，所以她不想回答也無所謂，但是這樣卻讓我覺得她似乎有所隱瞞。」

↓根據女性會員的說法，她還在等下個派遣工作的通知，所以怕對方覺得她失業才沒能老實說。

男性會員：「我問對方工作忙不忙？」，對方立刻氣得說「你是不是覺得家事都是女人的工作？」

↓這位女性會員常常被男性問相同的問題，她也覺得很多男性之所以問這個問題，是因為「明明希望女性也工作賺錢，卻又希望女性多負擔一點家事」，所以她很討厭這個問題。

女性會員：「我問軟體工程師的男性『請問您的工作內容是什麼？』結果對方說了一堆我聽都聽不懂的專業術語，嚇得我不知道該如何是好。」

↓這位男性會員說他太緊張，覺得自己「一定要說些什麼」才行，所以被問到自己唯一有自信的工作之後，才會說那麼多有關工作的事情，他也不斷反省自己的表現。

女性會員：「我問對方換個幾次工作之後，沒想到對方冷冰冰地說『妳在面試我嗎？我沒有回答妳的義務對吧？』」

↓男性會員：「當下覺得被對方瞧不起，所以很生氣。現在回想起來，我都是仔

細想過才換工作，所以早知道就跟對方解釋清楚。」

女性會員：「我問對方會工作到退休爲止嗎？沒想到對方立刻擺臭臉。」

↓這位男性會員認為「對方只是想知道未來的生活穩不穩定，對我根本沒興趣，所以覺得很難過。」

其實雙方的關係若是不錯，或是聊得很愉快，上述這些問題都不算是地雷，對方也應該會願意回答，但一開始就直接了當地問有關工作的事情，就很容易踩到對方的地雷，還請大家務必記得這個原則。

尤其許多女性在聽到自己不太懂的工作時，通常無法產生任何共鳴，所以若不是那麼喜歡「聽別人聊工作」，最好不要問太多有關工作的事情。

問題2　如果想知道對方對於幸福的定義……

「你覺得什麼時候最幸福啊？」

◎從對方對幸福的定義，可看出對方的生活型態與價值觀

爲了了解對方的個性與價值觀而問對方假日都怎麼過的話，通常只會得到「在家裡耍廢」、「跟朋友去喝酒」這種不痛不癢的答案，我們根本無法從這種答案「得知對方是怎麼樣的人」對吧？

不過，若是將問題換成「你覺得什麼時候最開心，最幸福啊？」對方有可能會回答：

「跟情人獨處的兩人世界很棒，但是跟夥伴一起去旅行也很快樂。」

「我覺得去戶外接觸大自然最開心了，因為可以暫時放下工作，什麼都不用多想。」

「我覺得跟喜歡的人一起去吃甜點，一起聊一些有的沒的最幸福了。」

「我覺得去喜歡的歌手的現場演唱會，沉浸在那個氛圍裡面最棒了。」

如此一來，就能從這些具體的回答得知對方的生活型態或是價值觀。

如果你覺得兩人世界很重要，選擇想法相同的人就能掌握幸福，如果你覺得「一個人的時間很重要」或是「有時候週末得工作，所以能一個人玩得很開心的人比較好」，那麼選擇擁有自己小世界的人，或許就能輕鬆愉快地與對方相處。

什麼事情會讓你開心與興奮？這個問題能幫助你找到價值觀一致或是志趣相投的另一半，還請大家務必拿出來問問對方。

想知道對方「平常」的樣子……「你小時候是怎麼樣的人？」「你的父母親是怎麼樣的人？」

◎每個人的「平常」與「常識」都不一樣

我們很常把「平常都～喲」掛在嘴邊，但所謂的「平常」往往取決於成長的環境或是家庭關係。

有些人是在全家一起吃晚餐，爸媽同房睡的家庭長大，有些人則是在晚餐總是看不到父親或母親，父母分房睡的家庭長大，前者與後者對於「平常」的定義肯定不一樣。

此外，有些人會說「我的父母親很嚴厲，所以我長大之後，很少跟他們來往」，有些人則會說「我們家的感情很好，每逢暑假或是新年，兄弟姐妹與親戚都會來我家。」

如果問不到具體的答案時，不妨改問一些稍微具體的問題，比方說「你小時候最開心或最難過的事情是什麼？」、「你被爸媽罵得最慘的事情是什麼？」

就算答案跟自己不一樣，也不代表對方就是不對的人，因爲有時候我們必須讓步，爲對方稍微犧牲一點。

不過，你若是覺得父母親或是兄弟姐妹很重要，選擇跟你一樣的人通常會比較好相處，因爲這部分的想法若是有出入，以後要回家探親，或是與父母親出門，可能會惹得對方不愉快，甚至有可能會因此吵架。

◎ 絕對不要選擇與老家互相依賴的對象！

「沒辦法從娘家獨立的妻子」、「徹頭徹尾是媽寶的老公」都是很容易離婚的對象。

其實對方與父母親的關係也很重要

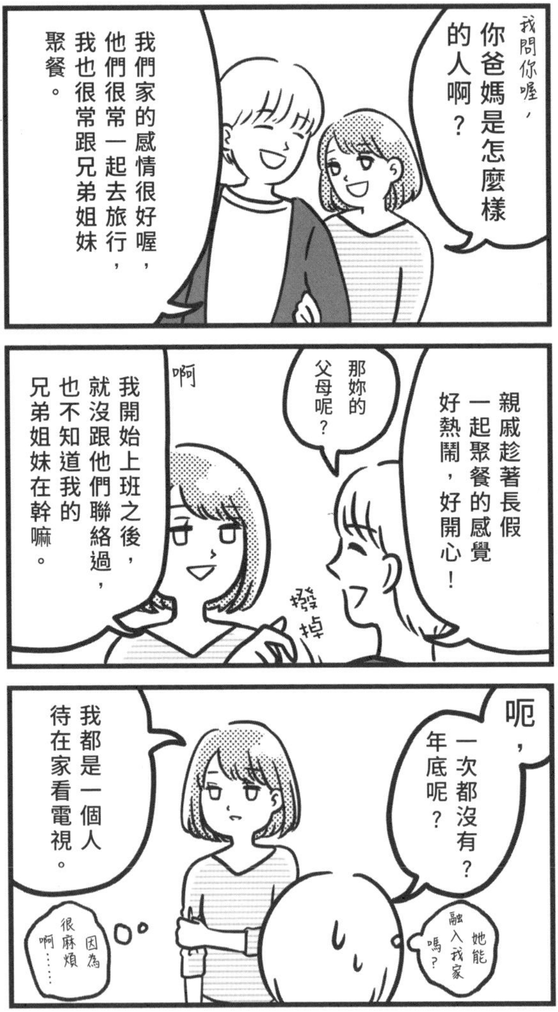

如果想知道對方依不依賴自己的母親，可以問問對方：

「你最近有跟你的媽媽聊過天嗎？都聊哪些內容啊？」

問問對方與媽媽聊天的內容以及聯絡媽媽的頻率。

如果對方因爲父母親住得很遠，所以才常常傳簡訊或是打電話關心父母親，那當然不會有什麼問題，唯獨要注意的是，母親常常傳簡訊或是打電話過來的情況。

因爲這代表有可能與對方結婚之後，會被迫從婆婆身邊搶回老公，或是遇到老婆一直回娘家的問題。請大家務必觀察對方與對方媽媽之間的關係。

問題4　想知道對方的個人風格與自己合不合……

「沒事的時候，都在做什麼呢？」

◎娛樂的傾向若是不一致，會相處得很辛苦

如何利用閒暇的時間，也就是如何打發時間與個人風格有關。

- 讀書
- 看漫畫
- 看電影、看連續劇
- 解決平常來不及解決的家事
- 去購物
- 照顧寵物

・去參加明星的活動
・打電動
・去賭馬

每個人打發時間的方法都不一樣對吧？

透過「讀書」打發時間的人以及藉由「賭馬」打發時間的人，對於同一件事情的感受不一定相同，所以不管你是與前者還是後者相處，通常很難遇到覺得「對方跟我超合的耶」的時候。

我發現，那些成功結婚，離開婚友社的佳偶幾乎都是以相同的方式打發時間，所以這部分一致的對象應該會比較合得來才對。

問題5　想了解對方對於金錢的看法……

「平常都怎麼解決午餐的呢？」

◎每個人對於「貴」或是「便宜」的定義都不一樣！

從午餐這類生活開支可看出一個人對於金錢的看法。

是自己帶便當呢？還是在公司餐廳解決？抑或去公司附近的餐廳解決，還是平常都花三千多元吃午餐？從這個部分可看出對方是否節儉、是否與常人無異或者是非名牌不買的人。

「朋友的老公超愛喝酒，聽說每個月光是喝酒就花了八萬日圓，這樣正常嗎？」

「我朋友的女朋友超愛名牌包包，好像常常要求我朋友買給她，買三十萬日圓的包包給女朋友算正常嗎？」

可以利用在喝酒、興趣、衣服、包包這些事情花錢的例子，衡量對方對花錢的方式。

「與其在喝酒花大錢，我更想在旅行花錢。」

「八萬日圓啊？我在電動也花了不少錢啊！」

「三十萬日圓的包包？很少有人送這麼昂貴的禮物吧，我知道有些人很捨得這樣花錢，但我應該會勸女朋友為了未來存錢吧！」

如此一來，也能知道對方的願望。

問題6　如果想知道對方有多想結婚……

「你身邊有沒有很恩愛的情侶還是夫妻啊？」

◎有結婚的動力嗎？

能立刻回答這個問題的人，腦袋裡一定對談戀愛或是結婚有具體的畫面，反之，無法立刻回答的人有可能對於談戀愛或是結婚沒那麼積極，覺得「能戀愛當然不錯啊」、「不知道自己爲什麼要找另一半」，或是還沒實際想過結婚這件事。

「我朋友最近剛結婚，假日的時候都跟另一半一起煮飯，好羨慕啊！」

「我有生了兩個小孩的朋友，他們夫妻倆偶爾會把小孩交給別人帶，然後去約會喲。我也好想要這種夫妻關係。」

「我的前輩與他的老婆因為工作很忙，所以沒什麼機會過兩人世界，但是他們兩人的興趣很接近，所以總是有聊不完的話。」

「我覺得我爸媽的關係就很理想，雖然還是會吵架，但都會說出想說的話，所以感情一直很好。」

從這類答案可以看出對方對於談戀愛或是結婚的想法，以及對方想要怎麼樣的婚姻生活。

問題7　如果想知道對方是不是玩玩而已……

「你會把我介紹給你重要的朋友嗎？」

◎不肯介紹重要的朋友就有問題

這個問題能趁早看穿對方是不是只想玩玩或是騙錢。

爲了趁早趕走這些人，可以在快要交往之前跟對方說**「如果你願意把我介紹給重要的朋友認識，我會很開心的」、「我也想見見你的朋友耶」**。

如果已經開始交往了，也不用想得太複雜，直接跟對方說「我想見見你的父母親」或是「我也想跟你的朋友一起喝酒」。如果對方只想要賣你投資用的房子，絕對不會介紹父母親或朋友給你對吧？如果對方沒辦法爽快地回答「好啊，沒問題」而是找一堆藉口推辭的話，就很可能另有隱情。

其實我在擔任女公關的時候，就曾經反過來利用這種心理。因爲對方是很重要的客人，所以我請母親打了通電話給對方，告訴對方「謝謝你這麼照顧我女兒」，別的女公關都不會這麼做，所以這位客人也嚇了一大跳。

此外，如果想一開始就確認對方是不是只想玩玩，可以問問對方「要不要一起拍照」。如果對方只想玩玩，一定不想留下什麼證據，所以很可能會找一堆藉口推辭。如果對方看起來很開心或是很害羞，肯定對你有意思。

◎一副「妳就是本大爺的女人」的模樣最討厭

此外，男性很喜歡在自己的男性朋友或是女朋友的女性朋友面前耍帥，比方說，有時候會突然貶低自己的女朋友。

「這女的一點都不機靈。」

「明明工作很普通，卻一副忙得不得了的樣子，也不太會煮飯。」

到目前爲止我看過不少對情侶因爲女方被叫成「這女的」而分手，因爲女方會

顧左右而言他的話，肯定有問題？

覺得「原來他是這種人啊」，然後對對方的感情就突然冷掉。

我知道男生會想跟朋友炫耀自己有多行，但是絕對不能忘記「對方也在觀察你的一言一行」。

那些會讓好不容易經營起來的信賴關係毀於一旦的行爲還是少做爲妙。

【番外篇】突然被問到過去的戀情時……

「我跟對方實在沒有緣份……」

◎不能說的事情盡可能跳過

到目前為止，介紹了不少透過問題確認彼此是否合拍的方法，但接下來要介紹的是，如果你是被問的一方，又該怎麼回答。

如果輪到自己被問，請記得**「帶過那些說了也不會加分的事情」**。

在參加婚友社的活動時，很常被問到過去的戀愛經驗，很多會員都太過老實，連那些稱不上戀愛經驗的事情也都說出來，或是坦白自己從來沒有與異性交往的經驗。比方說：

「如果與女孩子單獨去看棒球也算的話，那我算談過戀愛。」

「我參加的社團有很多女孩子，所以常跟女孩子一起放學回家。」

「我沒跟男生交往過。」

女性沒有談過戀愛的話，通常是加分，有些女性也不喜歡戀愛經驗太過豐富的男性。

不過，這些事情眞的不用在一開始的時候就全說出來。

比方說，在接受面試時，一位面試者說自己「在前一份工作完全沒被表揚過」，另一位面試者說自己「曾經因爲一些小事而被表揚」。

前者的能力是未知數，但後者卻有可能被認爲是「沒做過什麼大事的人」，大部分的企業也不會想採用「沒做過大事」的員工對吧？所以想必大家已經知道，哪邊的回答比較理想。

老實說，戀愛或是結婚與面試的性質差不多。比方說，如果你去了一家你喜歡的公司，然後對面試官說「其實前公司會表揚在早上聚會時說笑話的員工，而我連續三個月都被表揚」，你覺得面試官會有什麼反應？

大部分的面試官應該都只會冷冷地說「所以呢？」

戀愛也是一樣，有時保持沉默會讓對方以爲「說不定你是很受歡迎的人」，但是，當你說自己「沒有任何與異性交往的經驗」，可能會讓對方產生「雖然經驗太過豐富不好，但沒有任何經驗的話，該不會是有什麼問題吧？」這類不必要的誤會。

容我重申一次，不需要說那些不會加分的事情。

老實說，這種情況的問題不在於有沒有交往的經驗，而是自尋煩惱的自卑以及壓在心上的枷鎖。比方說：

「沒有戀愛經驗的我是不是很糟啊……？」

「沒跟別人交往過的我，不知道能不能答應對方的邀請。」

其實最在意零交往經驗的是當事人，因爲當事人會害怕對方覺得「這個人一定很麻煩」或是「很黏人」。

如果對方問了過去的戀愛經驗，而你覺得坦白也不會加分的話，就應該輕輕地帶過這個話題。比方說：

「說來慚愧，我實在跟異性沒什麼緣份。」

「一直以來，我都在工作花了太多時間，不知不覺就來到這個年齡了。」

如此回答才是標準答案。

第 5 章

找到命中注定的另一半，進入戀愛、婚姻關係的九種方法

說到底，所謂的命運就是結果論

◎只要有抓住幸福的「覺悟」與「勇氣」就沒問題！

總算來到本書的最後一章了。到目前爲止，說明了看穿「對方」的方法，其中包含讓男女錯過彼此的一些重點，以及透過面相、社群媒體、LINE訊息以及平常的一言一行洞察對方的本性以及識破謊言的提問方式，

這章則是要介紹一些正確的心態，想法與實用的心理技巧，讓「遲遲不敢下定決心與對方談戀愛或是結婚」的「你」與命中注定的對象談一場幸福的戀愛或是步入結婚禮堂。

每當我與那些爲了戀愛或結婚而煩惱的男女聊天，都會聽到「我都找不到命中注定的另一半」、「我覺得自己與對方沒有緣份」這類內容。

不過我想告訴大家，這根本是天大的誤會，因爲所謂的命中注定或是緣分，根

本不會像連續劇或是漫畫那樣，突然從天而降。

當愛情長跑多年的兩個人在某天回顧過去時，突然有感而發地說：

「我當時覺得對方還不錯，但沒想過最後居然會跟對方交往。看來這就是所謂的緣份吧！」

「當時剛好沒人在旁邊，我才能求婚成功。現在想想，這應該就是所謂的緣份吧！」

這才是所謂的命中注定與緣分，所謂的緣分絕對不是連續劇那種的邂逅或是劇情。換言之，**要找到「命中注定的另一半」，就必須具備「我要跟這個人一起獲得幸福」的覺悟，然後鼓起勇氣，與對方一起創造屬於彼此的緣分。**

但願本章介紹的方法能幫助各位鼓起勇氣，追尋屬於自己的幸福。

1 不要著急、不要緊迫盯人、不要白忙一場！

◎躁進與自以為是的人會自取滅亡

過去的我很害怕與別人來往，所以我很明白**那些談戀愛或是結婚不順利的人，通常都是敗在「自取滅亡」這一點。**

在我成爲女公關之前，我曾因爲太喜歡某位男性而不斷地發「我好喜歡你」這種訊息給對方，結果嚇得對方跟我說「這一點都不像是平常文靜的妳，嚇到我了」，或是明明沒有交往，卻死抱著對方不放，導致還沒來得及與對方建立任何關係，就因爲這些少根筋的行爲而自取滅亡了。

不過，這類失敗通常在男性身上發生。

男性最常犯的錯誤就是每天一直發訊息，或是才約會幾次，就覺得「對方一定喜歡自己」，然後以為自己已經是對方的男朋友，這些錯誤往往會破壞彼此的關係。比方說，常有男生會這麼做。

・第一次約會就突然變得很隨便。

・一聽到女方說要跟其他朋友去喝酒，就立刻說「別太晚回家喲」，給對方莫名的壓力。

・硬是要幫女方揹一點也不重的包包。

・不知分寸的肢體接觸。

許多女性都把 LINE 當成聊天的工具，所以就算每天收到男方的訊息，也不一定會對對方產生好感。這點也可套用在約會上。對女性來說，約會就是「試用期」，只要還沒告白，確定彼此的心意，就不算是在交往。

男方突然以男友自居，只會讓女方感到困擾，凡事還是有所謂的順序。第三章的時候也提過，明明感情還不到那個地步，男方卻突然做一些只有男友才能做的肢體觸碰，會讓女性覺得對方該不會是詐欺師還是缺乏常識的人，也會讓女性心中的警報器大響。

下面這些雖然都是理所當然的事，但男女要變得親密，通常需要經過下列三個階段。

①先知道彼此的個性與習慣，加溫彼此的感情。

②透過一些比較個人的話題或是輕度的肢體接觸拉近距離，成為對方心目中那個特別的人。

③告白與交往。

如果跳過①與②的階段，突然從階段③開始，這段關係的發展不太可能會順利。我知道，有些人的確能跳過這些階段，還能正常發展關係，但那些都是戀愛高手。如果想提高交往與結婚的機率，基本上還是該按部就班，讓兩個人的關係依照上述三個階段發展。

因爲太過喜歡女方而忍不住一直用LINE傳訊息，讓女方知道你每一刻的行動，或是很想以男友自居的時候，請問問自己「現在與對方進入哪個階段了？」、「女方會怎麼看待這些行爲？」

◎非黑即白的完美主義會讓人失去幸福

女性雖然也有許多因爲會錯意而自取滅亡的人，但是凡事「非黑卽白」、「不是零分就是一百分」這種人也一樣多，而這種什麼事都要分個對錯的人，往往會自取滅亡。

- **只要一覺得對方似乎對自己沒興趣就會立刻拒絕對方，以免自己受傷。**
- **以咄咄逼人的態度問剛剛認識的男性「我是你心目中理想的結婚對象嗎？」**
- **就算覺得眼前的男性不錯，也會故意挑對方「跟朋友約比跟我約會重要」、「鼻毛都跑出來了啦」這類小毛病，澆自己冷水，讓自己「討厭」對方以及與對方「分手」。**

如果對方對自己很有興趣，那當然是件很開心的事情，但是，就算是對彼此的印象差強人意，也是有不少情侶最終能步入結婚禮堂，所以就算「對方的反應不太好」，有可能只是因爲緊張而已，別一下子就判對方出局。

問剛認識的男性「我是你心目中理想的結婚對象嗎？」只會讓對方不知道該怎麼回答而已。我知道妳想加快進度，但這樣實在操之過急。這種類型的女性很容易被花言巧語的渣男欺騙，所以在發展彼此的關係時，還是盡可能依照①加溫感情、②成爲對方特別的人、③交往的順序。

有不少女性在看到對方一點點缺點就立刻冷掉。說謊、太不重視衛生、不懂禮貌當然是很嚴重的缺點，但千萬不要太計較一些小事，也要冷靜想想，這些小缺點是不是瑕不掩瑜。

這類型的女性通常是完美主義者，所以，只要這類女性懂得告訴自己「我這些地方也很糟糕耶」接受自己的缺點，自然而然就會知道「每個人都有不同的缺點」，也就更容易包容對方的缺點。

遇見真命天子或天女的祕訣

2

改變自己就能遇到不一樣的人

◎享受比昨天略有不同的今天

總是抱怨遇不到好對象的人，有可能總是將目標放在比自己更好的人身上。其實在特種行業的世界裡，個性開朗的女公關就會遇到個性開朗的客人，個性陰沉的女公關就會被個性負面的客人纏上，物以類聚眞的是不變的法則。

三十一歲就成爲億萬富翁的美國創業家吉姆羅恩曾說**「我們是身邊最常相處的五位朋友的平均值」**。

說話方式、用字遣詞、小動作、規劃時間的方法、興趣、想法、年收入，不管在哪個方面，我們都受到身邊的朋友影響。

如果身邊有朋友跟美女交往，自己與美女交往的機率也會增加，如果朋友嫁給有錢的老公，妳也很有可能嫁給有錢的老公。

大家身邊都有哪些朋友呢？

我最近交了不少網紅朋友。在什麼都不懂的情況下開始經營YouTube的我，根本不知道什麼叫做「曝光次數」，也不知道什麼叫做「縮圖」，但是當我一步步學習這些知識，就推開了這個世界的大門，也遇到一些充滿好奇心、上進心的夥伴。

如果你覺得到目前為止，只遇到「差強人意的對象」，就必須努力提昇自己，讓自己擺脫現況，試著改變自己的想法，增加年收入，調整自己的儀態或是建立良好的人際關係，而且要立刻採取行動，哪怕只是「改變髮型」、「開始學習才藝」這些小事也無妨。

尤其許多男性都有騎驢找馬的心態，「明明已經跟同年齡的女性交往，卻覺得對方的長相不是自己的菜，想要跟更年輕的女性交往」。根據婚友社的統計，大部分成功步入結婚禮堂的伴侶都在正負三歲的範圍之內，也有年收約四百萬日圓

我們果然跟身邊的朋友很像？

的五十幾歲男性與三十一歲的女性結婚的例子。

就算是難以高攀的對象，只要當事人願意努力改變自己，以及發揮溝通能力，還是有機會與對方修成正果，所以把理想對象分成「高不可攀的對象」、「感覺還不錯的對象」、「見個面也無妨的對象」，再尋找結婚對象也是不錯的策略。

遇見真命天子或天女的祕訣

3 告誡自己不要被那些常見的技巧所騙

◎你是不是只會鸚鵡學舌？

有許多 YouTube 頻道都在教受歡迎的技巧，或是分辨對方是否對你有興趣的技巧，但我只介紹我親自用過，覺得有效果的技巧，或是大部分的男女在使用之後，覺得有用的技巧。

如果不是很習慣搭訕或是懂得使用心理學的技巧操控別人的人那就另當別論，但是一般人通常很難應用那些受歡迎的技巧或是辨識對方對自己是否有興趣。

男性最不會使用的技巧就是重覆對方說的話。這是重覆對方所說的重點，讓對方知道「你很認眞在聽她說話」，藉此與對方產生共鳴的技巧。

不過，如果每句話都像下面這個例子一樣重覆，只會讓女方覺得「很煩……」、

「很噁心」，惹得女方不開心。

女性：「今天工作好累喔！」

男性：「很累啊？」

女性：「突然有急件進來。」

男性：「突然有急件進來啊！」

適度地換個方式回應，或是穿插一些問題，才能夠徹底發揮這個技巧的威力，千萬不能只是鸚鵡學舌而已。

此外，模仿對方的動作，企圖搏取好感的鏡射技巧（mirroring），也需要經過訓練才能得心應手，否則只會讓對方覺得「幹嘛一直模仿我的動作，好噁」。

◎ LINE 攻擊只會自爆

另一方面，女性很容易因爲 LINE 而自掘墳墓。

有些女性會覺得如果像是回覆女性傳來的訊息一般，秒回男性傳來的訊息，有可能會被男性覺得很煩，所以會故意過一會兒再回覆訊息，這樣固然是不錯的做法，但如果因為「怕被討厭」而一直傳訊息給對方說「剛剛真的對不起」、「你生氣了嗎？」只會讓男方覺得妳的精神不太穩定。

雖然前面也介紹過，該怎麼從對方回覆LINE訊息的速度、一舉一動或是表情判斷對方是否對妳有興趣的方法，但是回覆訊息的速度與每個人的習慣也有關係，所以很難做為判斷基準。

在喜歡的人面前，表情與小動作的確是會跟平常不一樣，但是「表情與小動作與平常有多不一樣」是確認對方是否喜歡你的方法。

比方說，眨眼睛的次數比平常多或是少，代表對方很緊張，也代表對方對你有幾分好感。如果是學校或是公司這類常見面的人，則可以試著比較對方「對你的態度」與「對別人的態度」，確定對方是否對你有好感，不過，一個月只見幾次面的相親對象，就很難如此判斷。

◎分享時間與體驗是基本中的基本

與其動腦筋耍花招，還不如多一些交流，讓彼此更了解彼此，才能快速縮短彼此的距離。

前面介紹了許多與對方縮短距離的方法，但最基本的就是**「擁有共同的體驗，再一起聊聊這個體驗。」**

之所以會相信那些搏取好感的技巧有用，很可能是因爲每次的約會都很慘，與對方吃完飯、聊完天之後，就再也沒有下文。假設是以聊天爲主的約會，彼此很會聊天，共通之處又多的話，當然可以聊得很開心，但是，如果沒什麼共通之處，又不是很會聊天，就會只聊一些搔不到癢處的話題，也會越聊越無聊。

大部分的人之所以能跟同事聊很久，是因爲雙方之間有共同的朋友與體驗，而且大部分的人在面對自己熟悉的事情時，往往比較敢說出「自己眞正的想法」。

如果沒辦法說出自己的想法，就無法知道對方的想法與價值觀，但是對吃美食沒興趣的人若是一直約吃飯，也只會出現「今天這間店很好吃耶」、「對啊」這種平淡無奇的對話。

所以，盡可能選擇電影院、美術館、水族館、球賽這些能夠產生新體驗的地點約會，不然就是約對方陪自己購物，總之就是根據兩個人的興趣一起創造共享的體驗。

要注意的是，千萬不要只是去完這些地方就結束了，還要一起聊聊在這些場所得到的體驗，也不要忘記約會的目的。約會的目的不是一起去各種場所，而是為了增加話題與縮短彼此的距離，最後才有機會告白或是求婚。

順帶一提，越是常常分享這類體驗，越能知道對方的想法與自己哪裡不一樣。就算彼此有許多共同之處，對方也不可能完全與自己一樣。只要「絕對不能退讓」的價值觀相符，不妨試著告訴自己**「原來對方會這樣想啊，我完全沒想到這點，到底是怎麼想到這點的啊」**，試著欣賞那些不同的價值觀，兩個人就能順利地走下去。

遇見真命天子或天女的祕訣

4 放下成見，認清事實

◎一切以自己為主是警訊

我在擔任女公關的時候，看過不少詐欺師，其中當然有男也有女。詐欺師總是會希望對方配合自己的步調，藉此控制對方。爲此，這些詐欺師會說：

「反正我們會結婚，現在發生關係有什麼關係嗎？」

「我父母親生病了，我想早點讓他們看到我穿上婚紗的樣子，所以現在需要一大筆手術費。」

逼對方做出決定。

逼自己做出決定的對象……

結婚之後，我的財產就是妳的財產了。
所以讓我們先開個戶頭，一起存錢吧！
就答應我嘛，我這麼愛妳。
喘喘
喘喘
我很愛妳喔，
所以快在這份文件蓋章吧！
喘喘
喘喘
不要被對方的花心巧語欺騙，要自己做決定。
說是兩個人的錢，但你之前不是說你沒錢嗎？
呃，所以要分手嗎？
那就分啊！
撕裂

有些詐欺師還會惱羞成怒地說「難道妳不相信我嗎？那我們分手好了」，硬逼對方配合自己。

不過請大家仔細想想，如果是眞的爲你著想的人，絕對不可能這樣對你。

其實我自己也曾遇到這類人，當時也隱約覺得「這個人說的跟做的不一樣」或是「一般人會這樣嗎？」不過，一如第三章介紹的沉沒成本效應，女性會一直告訴自己只差一點就可以談戀愛或結婚了，而且都已經付出那麼多「青春」，現在與對方分手的話，豈不是血本無歸了嗎？

男性的話，就算知道借出去的錢已經拿不回來，也還是會失心瘋地覺得「只要再借她一點錢，說不定對方就願意跟自己結婚」。

就算從第三者的角度，這擺明就是詐欺，但人類就是不願意接受這個事實。

只要覺得對方怪怪的，都鼓勵大家認清事實。容我重申一次，**真的為你著想的人，絕對不會逼你發生關係，也絕對不會硬要你拿錢出來。**請大家記住，只有你自己能爲自己做最後的決定。

遇見真命天子或天女的祕訣

5

透過一次又一次的決定強化內心

◎站在原地，什麼都不會改變

不管是誰，在做出任何決定時，都會衡量「做這件事的風險」，卻很少會想到「不做這件事的風險」。

「我覺得現在的約會對象很不錯，但我害怕被拒絕，所以不敢告白。我也知道，不能再這樣下去」，男性常常會擔心告白被拒絕，卻完全沒想到再不告白，有可能會失去這位對象的風險。

順帶一提，**某個研究結果指出，若是在認識三個月之後還不告白，對方有可能會覺得「你對她沒興趣」而離開你。**

有些女性則是會覺得「我不想跟現在的男朋友結婚，但是又很害怕分手之後很孤單」，但這類女性只看到分手之後的風險，沒想到自己有可能因此錯過結婚機會或是與其他人談戀愛的機會。

越晚告白，成功機率越低，越晚分手，損失越多青春。

◎不要害怕做決定

接下來的例子或許不太適合用來說明戀愛或是結婚，但是當我還是女公關的時候，曾有位客人每個月在我身上花幾百萬日圓，這種客人也就是所謂的「肥羊」。由於這位客人的行爲越來越粗魯，越來越過分，所以我很想換其他的女公關接待他，可是又覺得這麼一來，就會失去這隻肥羊，所以只好咬著牙關，繼續接待他。

不過，當我實在忍無可忍，狠下心來，減少接待這位客人的時間，就遇到另一位肥羊，而且個性比前一位客人更沉穩與和善。如果我再繼續接待那位討厭的客人，恐怕會因爲壓力而生病。

如果不知道自己該不該做決定，通常都是「很想做出決定，可是又很害怕結果」的情況。這時候請大家試著將做決定與不做決定的風險放上天秤衡量，再仔

細想想自己是否還是沒有勇氣做決定。

◎自己做出決定，就會變得更有自信

除了男女關係之外，優柔寡斷的人在考試或是找工作的時候，通常都只會聽從父母親或是老師的建議。

此外，就連出門玩或是旅行，也都是交給別人規劃或是預約餐廳與旅館。

如果能自行做決定，就能在成功的時候變得更有自信，就算失敗，也能增加經驗值。

建議大家自行決定「午餐要吃什麼？」、「工作要做到幾點」這些日常瑣事，或是主動舉辦聚餐與規劃出遊行程，因為這些經驗也能幫助大家在談戀愛或是結婚這些人生大事快速做出決定。

遇見真命天子或天女的祕訣

6

對方與自己都要放下成見，要讓想法變得更靈活

◎試著問自己「真的是那樣嗎？」

「交友軟體裡面的男人都是精蟲衝腦的男人。」

「男人就是會劈腿的生物。」

「我的異性運很糟。」

「我的收入很高、學歷也很高，靠近我的女性都只是為了錢。」

「我很宅，但最近突然出現很多一日阿宅的女性。」

這些女性有可能一直在交友軟體遇到只用下半身思考的男人，或是曾經被男朋

友劈腿，抑或一直遇到愛劈腿的男人或是媽寶，而這些男性有可能每次都遇到一直問職業與年收入的女性，或者是希望遇到很宅的女性，但對方卻只是一日阿宅。

爲了鞏固那些源自戀愛或是相親的成見，就會一直收集那些能夠強化成見的資訊，例如這些人會告訴自己「看吧，這傢伙肯定就是爲了上床才傳訊息的吧」、「看吧，一說出職業，她的眼睛都亮起來了」，這種心理在心理學的世界裡稱爲**「確認偏誤」（Confirmation Bias）**。

就客觀的角度來看，也是有人透過交友軟體找到另一半，或是遇到不會劈腿的男性，當然也有很多不是爲了金錢而接近對象的女性，有些女性遇到自己有興趣的領域也是能夠侃侃而談。

不過令人意外的是，很多人都對這些理所當然的事情視而不見。

就算之前的戀愛或是相親經驗不太理想，不代表下次就會遇到同樣的情況。

只要確認偏誤這種心理不斷作祟，那麼不管遇到再好的對象，你還是會對對方有成見，也會過度提防對方，對方當然也會有所感覺，如此一來，就算能與對方交往，也很難修成正果。

一直被懷疑「是不是劈腿」或是「爲了錢」，對方也會覺得很沮喪。

若想擺脫確認偏誤這種心理，可試著實踐下列的方法。

・問自己「真的是那樣嗎？」客觀檢視自己的想法

比方說，如果覺得男人就是慣性劈腿的生物，不妨問問自己「眞的是那樣嗎？他說不定不會劈腿」，然後試著回顧對方之前的一言一行。

如此一來，就會得出「我之前什麼都想到劈腿那邊，但他之所以沒回LINE，只是因爲工作太忙，週末沒辦法約會也都解釋得很清楚，所以有可能是我太疑神疑鬼了」這類結論。

・試著搜尋客觀的統計數據

也可以試著瀏覽一些客觀的數據。

相模橡膠工業2018年版「日本人的性行為現況」的調查結果指出，男性劈腿的比例為26.4%，女性劈腿的比例為15.2%，這意味著每四位男性就有一位會劈腿。雖然這個數字不算低，卻沒有高到足以做出「男性都是慣性劈腿的生物」的結論。

7

徹底杜絕任何外遇的機會

◎要問就要直接了當地問到底

接下來是專爲女性設計的技巧。如果妳懷疑對方有可能劈腿，就趁早杜絕任何外遇的機會。

我的老公原本是我的客人，所以就算他不是會隨便劈腿的人，但還是常常爲了接待客人而出入特種行業的店。

所以結婚之後，我請他除了工作之外，不要再出入那些場所，也直接打電話給那些一直邀老公去店裡坐坐的女公關，跟對方說「妳要是再一直傳這類訊息來，我可能得請妳出來喝個茶，聊個天，這樣好嗎？」結果對方就再也沒有傳任何訊息給我的老公。

如果妳覺得男方神色怪怪的，不妨直接了當地問對方：

「你有跟其他的女孩子傳訊息對吧？」

這種只能回答 YES 或是 NO 的問題能一眼看穿對方的謊話。

至於「你昨天在幹嘛？」這種模稜兩可的問題，只會得到「昨天？我沒幹嘛啊」的答案。

如果對方支吾其詞地說「為什麼要問這些啊？」妳就可以跟他說「你沒回答我的問題，你有跟其他的女孩子傳訊息的吧？」繼續追問下去。對方發現妳不得到想要的答案，就絕對不會罷休的話，就會知道妳是玩真的。

如果對方跟妳說「對不起，我有跟其他的女孩子傳訊息」，妳可以跟對方說「你跟其他的女孩子傳訊息這件事讓我很受傷」，讓對方知道妳的心情。**如果在這種時候罵對方「你真的很渣耶」，只會吵個不停而已，所以先讓對方知道「妳很難過」就夠了。**

如果對方還有點良心的話，應該會產生罪惡感，也沒辦法再說謊。

另外還有一個我在女公關時代經過反覆實驗，確定能有效拆穿謊話的方法。

平常可透過下面這個問題，確認對方的眼神。

・「昨天你晚餐吃了什麼呢？」

↓觀察對方在回憶的時候，眼球會怎麼移動。

・「下次約會想去哪裡呢？」

觀察對方在思考未來的事情時，眼球會怎麼移動。

一般來說，在回想過去的時候，是右腦在運作，所以通常會望向左上方或是左側，而在思考未來的事情時，是左腦在運作，所以會往右上方或是右側看。

說謊的時候，需要編一些藉口，所以是左腦在運作，換言之，視線會望向右上方或是右側。

不過每個人的大腦都有自己的運作方式，所以不能只從往右或是往左看，判斷對方是否在說謊。

因此才要透過前面的兩個問題觀察對方的眼球怎麼移動。**對方若是說謊，眼球的方向就會與問他「下次約會想去哪裡？」時的方向一致。**

我就是透過這招才知道常來店裡，要我當他女朋友的客人，其實也跟其他店的女公關玩得很開心。那位被拆穿謊言的客人爲了賠罪，最終以一瓶要價五十萬的香檳蓋了一座香檳塔。

◎要繼續劈腿還是要分手？

若要對方遵守不再犯相同過錯的約定，就要讓對方知道：

- **你再跟其他女孩子傳訊息就分手（滾出去）。**
- **要不要繼續跟其他女孩子傳訊息或是劈腿，都由你自己決定。**

例如可以跟對方這麼說：

「要不要跟其他女孩子傳訊息是你的自由，我雖然喜歡你，但我沒辦法忍受你跟其他女孩子傳訊息，所以只要再被我發現一次，我們就分手。」

如果妳不希望對方再跟其他女孩子傳訊息或劈腿，就要鼓起勇氣跟他說「再犯就分手」、「再犯就滾出去」。如果不夠果決的話，對方就會心存僥倖，覺得「再犯，妳也會原諒他」，對方的承諾也就沒有任何意義可言了。

強迫對方答應「絕對不會再傳訊息給其他女孩子」，也只會招致對方反感，甚至會讓對方覺得「只要不被發現就好了」，然後變本加厲。我們無法控制對方的行動，卻可以讓對方知道「再犯就分手」，讓對方選擇是要跟妳分手，還是要繼續跟妳在一起。

遇見真命天子或天女的祕訣

8

為自己留一分「從容」，讓自己得以放鬆

◎戀愛要認真談，但不要一頭栽進去

一直想著對方，一直想著結婚。

如果一直陷在這種狀態，就會滿腦子想著「想跟對方交往」、「想要結婚」，然後在彼此的關係還不夠成熟的時候告白與嚇跑對方，不然就是寫了一大篇抒發心聲的長篇大論寄給對方，讓對方不知道該怎麼回應，這些都是自取滅亡的行爲。

追根究柢，會這麼做都是因爲「寂寞」。

不管遇見多少人，都找不到那個對的人。從來都沒有被愛的感覺。雖然每個週末都為了尋找另一半而忙個不停，偶爾在週末閒下來，立刻就覺得自己很寂寞，很孤獨。想必大家都有過類似的經驗才對。

所以才會在遇到趣味相投的人之後，不斷地催眠自己「如果錯過眼前這個人，之後再也遇不到這麼好的對象了」或是覺得「總算找到對的人了」，然後爲了留住對方而做出一堆奇怪的行爲。

所以，爲了不讓自己執著於某個人，在決定交往之前，不妨先試著同時與多個人相處，才比較容易找到理想的另一半。

我個人除了工作與戀愛之外，還建議大家多擁有幾個屬於自己的世界，比方說，可以跟家人、朋友一起度過的世界，或是讓自己沉浸於某種興趣的世界，也可以爲了工作多學一點東西，如此一來，就算戀愛或是尋找另一半的活動不順利，也不至於太過沮喪。

說到底，那些受歡迎的男性或女性，都是內心「從容」的人。因爲多了一份從容，所以就算聽到不同的意見，也會覺得「原來還能這樣想啊」，也能輕鬆地與他人交談，不需要那些搏取好感的技巧，也能炒熱整個場合。

像我這種生來怕生的人，沒有與生俱來的從容，所以只能努力讓自己多擁有幾個不同的世界，才能看起來很從容。在談戀愛或是尋找另一半的時候，讓對方知道你除了戀愛之外，還有屬於自己的世界，是件非常加分的事情喲。

遇見真命天子或天女的祕訣

9

越懂得表達心情的人，越容易獲勝

◎不要把負面與「紳士風格」混為一談

前幾天有機會與某位在 Twitter 尋找另一半的男性聊天。他讓我看了他與某位女性之間的私訊，這女性一直跟他說「她想去某個地方」或是「想跟他一起去吃某個美食」，暗示這位男性約她出去，但這位男性卻沒有採取任何行動。

我問他爲什麼，結果他回答我「女性不是很討厭一直約的男性嗎？我可是紳士啊」，聽完我整個人快昏倒，這位男性到底是爲了什麼才開始尋找另一半的啊。

以為「不緊迫盯人」或是「不要在對方很忙的時候約對方」很紳士的男性其實很常見。

乍看一下，這似乎是在為女方著想，好像很溫柔，但其實他們只是害怕被拒絕

而已。

如果眞的想與女方拉近距離，不妨傳個簡訊跟對方說「妳現在應該很忙吧？之後如果有空的話，要不要一起出門玩呢？妳有空再回覆我就好囉！」。請不要再躲在名爲「紳士」的隱形披風之中，勇敢地踏出第一步吧！

◎真正寬容大量的人不會強調自己有多麼寬容

由於女性知道「很黏人的女人會被討厭」，所以通常會想假裝自己是「很懂事，很成熟的女人」。

明明假裝自己是「看情況，外遇也可以原諒的女人」，但是看到男朋友的女同事傳訊息給男朋友，心裡還是氣得要死，或是對方傳了個「不好意思，最近很忙，沒能立刻回訊息」，而自己回了「沒關係」之後，又因爲對方連個貼圖都沒回而氣得在心裡想「怎麼可能沒關係，三天都沒回訊息，然後只說不好意思嗎？」

我知道妳爲什麼這麼生氣，但在男方的眼中，這種女朋友很麻煩喲。當男方發現沒有常常聯絡，對方也沒說什麼，會覺得「看來對方不太在意常不常聯絡這件事」。男性是無法進一步理解「女方說不定很寂寞」的生物。所以，當女方因爲「爲什麼你就是不懂我的寂寞」而氣得爆炸時，男方只會感到困惑，覺得「咦？她怎麼突然變了個人？」

如果是不會再見面的關係，或許不需要在這部分太坦白，**但如果想與對方建立長長久久的關係，這個「沒辦法說出真心話」的問題拖得越久，雙方的關係越有可能破裂。**

如果害怕說出眞心話之後，對方被嚇跑的話，不妨使用第一章介紹的「I 訊息」，跟對方說「你沒回訊息，會讓我擔心你是不是活得好好的，如果很忙，至少傳個貼圖讓我知道」，應該就能避免衝突。這種訊息沒有一絲責備的語氣，所以對方也不會有什麼負擔。

◎不要事後才抱怨，當下就要說清楚

最近也有男性跑來問我「沒辦法說出眞心話」這個問題，所以男性務必用用看前面提到的 I 訊息。

前幾天，某位男性會員跟我提到下面這件事。他告訴我，某位爲了相親而第一次見面的女方問他「我有點餓，能點點東西吃嗎？」照理說，第一次相親通常只會喝個下午茶，不過，既然女方都開口問了，男方也就很難拒絕，所以就回答「好啊，妳點吧」，沒想到料理一上桌之後，女方就低頭猛吃，完全沒有要聊天的感覺。

這種打破慣例，不想交流的女性的確很糟糕，所以男方如果能在這時候跟女方說**「好不容易有機會見面，希望能跟妳多聊聊啊」**，說出自己的眞心話，或許情況就會變得不一樣。

請大家不要一味地忍耐，也要學會在顧及對方的情緒之下，說出自己的想法，藉此找到命中注定的另一半吧。

結語

◎只有持續追尋幸福的人才能得到幸福

感謝各位讀到最後。

我從女公關時代到現在，眞的見過許多紅男綠女的戀愛。其中不乏韓劇也相對遜色的純愛故事，也有無法在這裡描述的愛恨情仇。

不過，唯一能斷言的是，不管是被不老實的人欺騙，還是被「眞命天子（天女）」拋棄，只要不斷地告訴自己「我想要變得幸福」、「我要找到眞的適合自己的人」，用心對待每個對象，總有一天，幸福會降臨。

「蓮花出淤泥而不染」

我常常在上野恩賜公園欣賞盛開的蓮花。之所以有這個習慣，是因爲我的座右銘是：

這句話出自中國宋朝周敦頤的《愛蓮說》，意思是，蓮花正是吸收了泥水的養分才能盛開。

夜晚的世界就像是一灘泥水，而在這灘泥水之中打滾過來的我之所以能像現在，透過婚友社帶給大家幸福，過著充滿喜悅與充實的人生，我想全拜那段歲月的辛勞所賜。

現在大家遇到的辛苦與悲傷，都是爲了抓住幸福的前奏曲。如果我那些血淚斑斑的教訓與從中學到的技巧，能幫助大家看穿人類的本性與謊言，對我來說，那眞的是再開心不過的事情了。

關口美奈子

偷心研究所

面相學×心理學×邏輯分析，初次見面到修成正果的愛情攻略 step by step

気遣いを恋と勘違いする男、優しさを愛と勘違いする女
相手の本性を見抜き、最高のベストパートナーを見つける男と女の心理ルール

作者　關口美奈子
翻譯　許郁文
責任編輯　謝惠怡
美術設計　郭家振
行銷企劃　廖巧穎

發行人　何飛鵬
事業群總經理　李淑霞
社長　饒素芬
主編　葉承享
出版　城邦文化事業股份有限公司 麥浩斯出版
E-mail　cs@myhomelife.com.tw
地址　104 台北市中山區民生東路二段 141 號 6 樓
電話　02-2500-7578
發行　英屬蓋曼群島商家庭傳媒股份有限公司城邦分公司
地址　104 台北市中山區民生東路二段 141 號 6 樓
讀者服務專線　0800-020-299（09:30 ～ 12:00; 13:30 ～ 17:00）
讀者服務傳真　02-2517-0999
讀者服務信箱　csc@cite.com.tw
劃撥帳號　1983-3516
劃撥戶名　英屬蓋曼群島商家庭傳媒股份有限公司城邦分公司
香港發行　城邦（香港）出版集團有限公司
地址　香港九龍九龍城土瓜灣道 86 號順聯工業大廈 6 樓 A 室
電話　852-2508-6231
傳真　852-2578-9337
馬新發行　城邦（馬新）出版集團 Cite（M）Sdn. Bhd.
地址　41, Jalan Radin Anum, Bandar Baru Sri Petaling, 57000 Kuala Lumpur, Malaysia.
電話　603-90578822
傳真　603-90576622
總經銷　聯合發行股份有限公司
電話　02-29178022
傳真　02-29156275

製版印刷　凱林印刷傳媒股份有限公司
定價　新台幣 399 元／港幣 133 元
ＩＳＢＮ　978-986-408-990-1（平裝）

2023 年 11 月初版一刷・Printed In Taiwan

KIZUKAI O KOI TO KANCHIGAI SURU OTOKO, YASASHISA O AI TO KANCHIGAI SURU ONNA
AITE NO HONSHO O MINUKI, SAIKO NO BEST PARTNER O MITSUKERU OTOKO TO ONNA NO SHINRI RULE

國家圖書館出版品預行編目（CIP）資料

偷心研究所：面相學×心理學×邏輯分析，初次見面到修成正果的愛情攻略 step by step/ 關口美奈子作；許郁文翻譯．-- 初版．-- 臺北市：城邦文化事業股份有限公司麥浩斯出版：英屬蓋曼群島商家庭傳媒股份有限公司城邦分公司發行，2023.11
面；　公分
譯自：気遣いを恋と勘違いする男、優しさを愛と勘違いする女：相手の本性を見抜き、最高のベストパートナーを見つける男と女の心理ルール
ISBN 978-986-408-990-1(平裝)

1.CST: 戀愛心理學 2.CST: 兩性關係

544.37014　　112016305